经管学术前沿研究文库

JINGJIXUE YANJIU ZHI LU

经济学研究之路

崔建军 著

西安交通大学出版社
XI'AN JIAOTONG UNIVERSITY PRESS
国家一级出版社
全国百佳图书出版单位

图书在版编目(CIP)数据

经济学研究之路 / 崔建军著．— 西安 ：西安交通大学出版社，2020.11
ISBN 978-7-5605-9049-3

Ⅰ.①经… Ⅱ.①崔… Ⅲ.①经济学-研究 Ⅳ.①F0

中国版本图书馆 CIP 数据核字(2020)第 199098 号

书　　名　经济学研究之路
著　　者　崔建军
责任编辑　魏照民

出版发行　西安交通大学出版社
（西安市兴庆南路 1 号　邮政编码 710048）
网　　址　http://www.xjtupress.com
电　　话　(029)82668357　82667874(发行中心)
(029)82668315(总编办)
传　　真　(029)82668280
印　　刷　西安五星印刷有限公司

开　　本　700mm×1000mm　1/16　**印张**　12.125　**字数**　175 千字
版次印次　2020 年 11 月第 1 版　2022 年 3 月第 1 次印刷
书　　号　ISBN 978-7-5605-9049-3
定　　价　49.80 元

如发现印装质量问题，请与本社发行中心联系、调换。
订购热线：(029)82665248　(029)82665249
投稿热线：(029)82668133
读者信箱：xj_rwjg@126.com

前　言 Preface

2007年以来，我一直在西安交通大学经济与金融学院为硕士、博士研究生讲授“金融研究方法论”课程。其间，苦于没有蓝本可依，就不得不反复思考科学研究方法论的意义、科学研究过程及其构成要素、学位论文的写作原则等问题。在讲授“金融研究方法论”课程的十余年中，也曾多次承蒙兰州大学、兰州财经大学、西北师范大学、陕西师范大学、陕西理工大学、山西财经大学、陕西科技大学、河南大学、河南财经政法大学、西安财经大学、中国人民银行西安分行、陕西省银保监局等国内高校和金融机构的邀请，做金融研究方法论方面的专题讲座。这些学习交流，深化了我对科学研究本质的理解。经过努力，我在讲稿的基础上，先后撰写出版了《金融研究方法论》(高等教育出版社，2012)和《金融研究的逻辑》(中国金融出版社，2018)。

奉献给读者的这本小册子，是我十多年来讲授“金融研究方法论”课程和对经济学研究本质艰苦探索的结晶。其中，部分内容发表在《学位与研究生教育》等杂志上。应该说，我对自己这本小册子的思想内容还是比较自信的，至于是否正确，是否接近真理，就只有由读者诸君评判了。

就内容看，这本小册子包含了科学研究过程中的选题、材料积累、主题提炼、理论模型、经验实证，以及学位论文写作中的论文结构、文献综述等写作要点，结构上比较零碎，但更原汁原味。

选题在科学研究过程中具有十分重要的战略意义，选题的高下决定了研究成果的价值；材料积累是提炼主题的基础，也是构成论文的“血肉”，没有高质量的材料积累，很难提炼主题，缺乏“血肉”，论文自然苍白无力；主题是论文的“灵魂”和“统帅”，一篇论文应只有一个研究主题；理论模型是经济学进步的阶梯，不能形成理论模型的研究只能沦为末流的对策设计；经验实证是在逻辑实证基础上对理论模型的再验证，是理论模型不可分割的一部分，没有逻辑实证的经验实证是没有价值的数字游戏；论文结构是形成论文的“骨架”，缺乏强有力的“骨架”，学位论文便难以树立；文献综述是由科学研究的继承性决定的，文献综述的质量决定了研究成果的质量；至于答学生问部分，涉及的内容更广泛些，甚至溢出了经济学的范围，其目的在于扩大研究生的学术视野，提升研究生的综合素质和学术境界。

20 多年来，我国著名管理学家李怀祖教授一直关心我的学术成长。我写作博士学位论文时，李怀祖先生隔山传道，多有指导；我出版《金融研究方法论》时，先生以 80 岁高龄，欣然提笔，撰写序言；先生名著《管理研究方法论》再版时，亲笔题签，托人转送于我，该著作遂成为我讲授“金融研究方法论”课程的珍贵指南。多年来，每临我取得些许成绩，先生欣然；每临困惑，先生解难。值此小册子出版之际，特向先生表达诚挚的谢忱！更祝福先生“何止于米，相期以茶”，福寿绵长！岁岁平安！

西安交通大学经济与金融学院的领导给我的科研工作提供了大量的帮助。院长孙早教授非常关心我的科研情况，申报社科重大项目时，更是想方设法联系课题组成员并提供指导意见；学院党委书记宋丽颖教授则直接参加课题申报。在此，对孙早教授、宋丽颖教授表示衷心的谢忱！

西安交通大学社科处贾毅华处长多年来一直关心我的科研工作并给予热情指导，在此，我向她表达崇高的敬意和衷心的感谢！同时衷心感谢她对推动社科研究工作的巨大奉献！社科处谢志峰、李华等各位老师工作负责，踏实认真，表现出社科科研管理者的专业水准，在此也表示衷心的谢意！每到社科处学习、交流情况，社科处各位领导和老师常不厌其烦，热情接待，使得社科处真正成为“社科人之家”。需要说明的是，本书由西安交通大学人文社会科学出版基金资助出版，特表衷心感谢！

感谢西安交通大学出版社和魏照民编辑，没有用系统性要求本书，并在出版过程中给予了热情帮助！

在本书的写作过程中，我的博士生张冬阳、朱函语等提供了大量帮助；书中的"答博士生问"更是我和她们的合作创作（有问才有答）。教学相长，信哉斯言！在这里对我的两位博士生朱函语、张冬阳表达衷心的感谢！

受作者学力、水平所限，书中不足或错误在所难免，欢迎读者批评指正。

崔建军

2019 年 12 月 6 日于西安交通大学

目　录 Contents

读书与写作

常有学生问我如何读书与写作，我不能清晰准确回答。为研究生授课以后，问的学生多了，我想应该对学生所提问题加以认真思考。

（一）

所谓读书无非就是继承前人的知识。读书的目的，一是积累知识，二是培养能力。积累知识要记住必要的材料；培养能力则是对知识的有效运用。后者往往更重要。

古人言：开卷有益。其中寓意无非是书读得越多越好。我对此不以为然。开卷有益要看开什么“卷”。以我自己比较熟悉的货币银行学而言，我以为要读熟四本书：黄达的《货币银行学》、饶余庆的《现代货币银行学》、托马斯·梅耶等人的《货币、银行与经济》及米什金的《货币金融学》。黄达的书给人以历史感，饶余庆的书给人以数量分析上的优势，托马斯·梅耶和米什金的书给人以比较宽阔的视野。

读书贵在读源头、读经典。从源头上读书好比从树根上切一块，培植起来可以自己再生根发芽以至成长壮大；读转述性的书籍好比在大树的枝头折下树枝，树枝再大，一旦离开参天大树也会枯死。当然，也不能要求每个人都读经典，这正像不能要求每个人都是学者和作家一样。

我主张读书要“少”而“精”，但对名著的阅读须烂熟于胸。一个人读自己所专长领域的书籍不宜太多，真正重要的是要有一个坚实的知识结构。纵观思想史，真正伟大的思想大厦绝不是一种材料建成的。当然，在自己专长的领域中得读透几本书，得有“看家本领”，得有“根据地”，得抢占几个“制高点”，然后才能得以扩展。

（二）

写作无非是将自己的研究成果复述出来的过程。写作在科研工作中所占时间比重很少，以我愚见，约在10%以下。科研工作中占最大量时间的是读书、收集材料和思考。一旦充分地占有了材料，且有自己的心得体会，写作则是科研成果的自然流露。

写作要“溢”出来，犹如风吹水面，自起波澜；写作绝不能“挤”出来。有的同志写作时，常需要很大的空间——一个大书案，上面摆上打开的几十本书报和杂志。写作时，这里抄一点，那里抄一点。这种劳动方式绝对写不出好东西。因为写作者本身在没有吃透材料的情况下已经盲目地开始了写作过程。就文科而言，写作的最高境界可能是意到笔随。写作时，一枝笔、几页纸可也。接下来便是思想的汩汩流出。孔圣人讲“从心所欲，不逾矩”，不只是修身，同时也该是描述了思想和写作的最佳状态吧。

有人讲，思想是气体，语言是液体，文章是固体。我是服膺这句话的。正因为文章是固体，是有形的，它才能流传下来。中国自古就有“文章千古事”之说法。

写作从本质上讲是一种自主性劳动，它有极强的个体性。由此，我个人以为，研究题目不应由别人来出，而应该由个人决定。你自己有某种观点、见解，才去选择某种题目，才去写作。学术文章的写作和作诗一样，应是有感而发。一个人，如果对某一问题没有自己的认识，没有自己的学术观点，最好不要写作。当前，中国经济学界有一种倾向，就是搞课题。一个课题少则几人，多则十几人，甚至数十人，并美其名曰“集团军作战”或“集体攻关”。对此，我一直持保留意见。几十人在命题作文下要搞出一个有个性的东西恐怕是困难的。纵观经济学说史，真正的传世之作好像都不是所谓集体项目。如《国富论》《资本论》《就业、利息与货币通论》不就是亚当·斯密、马克思、凯恩斯的个人著作么？

写作也与一个人的性情有关。有的人爱写大题目，也能够驾驭宏大题目；有的人爱研究些小题目，且做学问做得很小巧、很精致。只要有特色，有自己独特的价值，这两者都是可行的。

初学写作的时候，在题目的选择上宜小不宜大。因为大题目要求有宽阔的知识背景、较扎实的专业基础，初学者往往不好驾驭。因此，切记初搞科研和写作一定要“小题大作”，从点上突破，待有一定的知识积累并取得科研和写作经验后，再进行大题目的研究。

（三）

读书和写作是什么关系呢？

简言之，读书是写作的基础。一个人如果不读书、不看报、不接触学术信息，对任何问题都没有研究的话，那么他（她）就没有资格写作。唐代大诗人杜甫的诗句“读书破万卷，下笔如有神”，可谓精辟论述了读书和写作的关系，令人拍案叫绝。

对常人来说，只有通过读书才能增加心智，只有通过读书，才能为写作打下坚实的基础。对此，还是鲁迅讲得好：“采了许多花，然后才能酿出蜜。”

当然，也有例外的情况，这就是有些人尽管读书很多，却不善于写作。这从一个方面说明了这样一个事实：尽管读书是写作的基础，但读书和写作又确实是两码事。从逻辑学的角度讲，读书是写作的必要条件，但不是充分条件。一个人只有认真读书，发现问题，钻研问题，且有心得体会，又能准确地用文字表述自己的思想，才能完成读书和写作的统一。

读书和写作都有一个层次问题。有的人读书很多、很勤奋，但所读之书学术档次不高，就制约了其学术上的发展。此外，有的人喜欢写作，也善于写作，一生之中著述颇丰，著作等身，但其科研缺乏原创性，他们就只是写作的匠人而非真正的学术大师。这正像作家一样，有的人只会讲故事（这些人是作家中的大多数），而托尔斯泰、巴尔扎克、鲁迅的作品中常包含着作家对生活的理解、对生命本质的探索、对人类命运的关切，因而他们不仅是文学家，同时更是伟大的思想家。

一言以蔽之，读书难，写作难，读书和写作要达到一个较高的境界更难。然唯因其难能，因而可贵。

在新的世纪，经济一体化是不可抗拒的历史潮流，文化竞争也必将发展到一个新的水准。在这样的时刻，我们的民族不仅需要物质财富，也需要真正的读书人创造出无愧于人类的精神财富。高深的读书境界、藏之名山的写作事业，虽我辈寻常学人难以企及，但作为一名学子，高山仰止，心向往之，总是可以的吧！

教学与科研

所谓教学，简单地说就是给学生传授知识。“师者，所以传道受业解惑也”，应该是对教学活动的经典论述。流行的观点认为，传道、受业、解惑是“三位一体”的。依笔者所见，解惑、受业、传道或许可以理解为一种递进关系。解惑是启蒙，是基础教育，也是人生教育环节中的初级阶段，它在一定意义上决定了一个人终生做人、做学问的基础。受业是讲授专业知识，讲授者本人应有良好的专业学术训练才能胜任；否则，“以其昏昏，使人昭昭”，其结果只能误人子弟。传道则是高层次的教学境界了。所谓传道，就是传播学术真理和思想品德。传道者必先得道，掌握教学、科研的方法论。传道者不仅要能在自己专长的领域内自由驰骋，对自己研究领域的相邻学科也应该有相当的了解。

所谓科研，就是在拥有专业知识、充分占有某一问题的材料的基础上，对所研究的课题提出新的见解，做出新的论证，或对问题提供新的材料和支持。基此，科研的类型大概有三：提出新观点、创立新范畴；提出新的论证，对问题有方法论方面的创新；提供研究的新材料。纵观学说史，第一种类型即提出新观点、创立新范畴的科研并不多。对某一问题能提出前无古人的新观点和创立新范畴者大多是学术界的天才人物。为此，似乎不宜妄言或轻言理论创新。当今之世，中国经济理论界常有人讲某人的某项研究“填补了国内空白”，某本书又是“国内外研究某一问题的第一本专著”，等等。坦白地说，我始终对之置疑而更倾向于“冷书热读”。

前些年，新闻媒体经常鼓吹“知识爆炸”，让人诚惶诚恐，唯怕沦为时代的弃儿成为白痴。我个人对“知识爆炸”论一贯持保留态度，且认为真正的创新性知识的获得决非易事。古人云“朝闻道，夕死可矣”，可见闻道(获得真知)之难，以至让人敢冒死之风险。撇开自然科学和其他社会科学，仅以经济科学研究中的我国经济体制改革而论，20 年的

"摸着石头过河",我们艰苦备尝、挫折亦多,直到 20 世纪 90 年代初期才真正找到了"社会主义市场经济"这一理性认识,这难道不是人所共知的事实么?我国的国有企业改革困难重重,曾尝试过"承包制""股份制""公司制"等,千方百计就是搞不活,不知鼓吹"知识爆炸""填补空白"论者又有什么新招呢?其实,真正"爆炸"的绝不是知识,而是文化垃圾。这是每个稍有良心的知识分子内心都清清楚楚的。可悲的是,大家却对之听之任之,持无可奈何的"宽容"态度,以致泡沫四溢,教授满街。难怪谢泳敢冒天下之大不韪坦言:"过去的教授是手工生产的,少,但是值钱;今日之教授是机器生产的,多,也就贬值了。"

应当承认,只有真问题,才有真学问。我国经济体制、金融体制改革中,真正的问题也就那么多,有所变化者只是随着环境的变迁,需要对之重新审视罢了。研究真问题者谓之入流,未研究真问题者谓之不入流,而在真问题之外,故弄玄虚、节外生枝者,给人的感觉就只有"人类一思索,上帝就发笑"了。对前人已研究的问题进行新的论证、提供新的材料支持或许倒是科研工作的常态吧!

至于科研与教学的关系,一般概括为"源"与"流"的关系,可谓一语中的。只有"源远",才能"流长"。只有教师本人对教学内容非常熟悉,有自己的心得体会,且熟悉学术界自己研究领域的"行情",在教学过程中才能举重若轻、胜任愉快、随心所欲地达到自由的境界。这是不言自明的。当然,我个人同时认为,教学在一定意义上可以帮助科研,对科研起推动作用。

当前,我国的大学概而言之是两个中心:教学中心和科研中心。有所区别者,一般大学强调教学中心,科研成分较少,名牌大学是两个中心并重。在国外,有的大学甚至科研成分远远大于教学。比如,美国著名的芝加哥大学,研究生人数就远远大于本科生人数,是所谓科研性大学。

教学可以使知识系统化,科研可以使知识深化。教学和科研可以相互促进,共同发展。

大师与匠人

或许由于自己本身是匠人，故而我时常悬想大师，思考大师与匠人之间的联系与区别。

（一）

查商务印书馆《现代汉语词典》（修订本）可知：所谓大师是指在学问或艺术上有很深的造诣，为大家所尊崇的人；所谓匠人旧指手艺工人。大师解释是清楚的，而匠人现在指什么人呢？词典中没有进一步的说明，依愚见，大概应该泛指各个领域具有一定技艺的普通劳动者吧。

大师作为某一领域中的泰山北斗，其最重要的品格恐怕就是特立独行，用史学大师陈寅恪的话表述则是：独立之精神，自由之思想。大师的人生目标应该是追求真理（科学的、艺术的）。以经济学而论，亚当·斯密、马克思、凯恩斯可谓举世公认的大师。大师的劳动具有原创性、不可重复性的明显特征。大师可以超越，但大师无论如何不可能复制。由此，人类历史上就只有一个亚当·斯密、一个马克思、一个凯恩斯。大师一般有空前绝后的著作行世，这些著作即超越前贤又开启后学。比如亚当·斯密、马克思、凯恩斯分别有《国富论》《资本论》《就业、利息与货币通论》著称于世。这些不朽的著作使得他们成为人类经济学说史上不朽的伟大人物。中国历史上孔子是个“述而不作”的人物，但也因其学生整理编辑的《论语》成为“倜傥非常之人”。

大师之所以伟大，既在于他们具有高洁的人格、宽阔的胸怀、献身科学的精神、奖掖后进的热情，又在于他们深邃的思想具有穿越时空的力量，且在不同的历史时期会不同程度地复活。儒家“修、齐、治、平”的思想，几千年来一直是中国知识分子所追求的人生理想。即使今天，中国知识分子在价值取向上也很难说不受“修、齐、治、平”思想的影响。

凯恩斯经济学曾风靡全球，无与伦比地成为现代经济学的主流，同时也曾遭受时代的严峻挑战(20 世纪 70 年代西方不少国家由于长期执行凯恩斯的经济政策而使经济陷入了滞胀的泥潭，货币学派、供给学派、理性预期学派等趁机崛起，试图冲击凯恩斯经济学的主流地位)，但由于凯恩斯经济学掌握了部分真理，今天又复活了。保罗·克鲁格曼新近出版的《萧条经济学的回归》就很能说明问题。我认为，当今之世，任何国家的经济既不是市场经济，亦不是指令经济，而是既带有市场成分又带有指令成分的混合经济。因此，国家对于经济的干预是必然的。凯恩斯经济学的指导作用似乎是不容置疑的。对此，还是凯恩斯勋爵自己说得好："经济学家以及政治哲学家之思想，其力量之大，往往出乎常人意料，事实上统治世界者，就只是这些思想而已，许多实行家以为不受任何学理之影响，却往往当了某个已故经济学家之奴隶。"

当今之时代是所谓的信息时代，也有人说是知识爆炸的时代(我对之一直持怀疑态度)，因而不少人著作等身。然仔细观之，大部分的所谓等身的著作均缺乏原创性，因而即使有等身的著书不立说的著作，他们也只能是匠人，难以跻身大师的行列。

与大师相比，匠人作为具有一定技艺的普通劳动者，他们的劳动是一种程式化的劳作。这种劳动具有明显的继承性和重复性特征。匠人们俯就于现状、诚实劳动、恪守忠诚，在日复一日、年复一年的长期劳动实践中，他们的技艺日趋成熟，甚或在前人的基础上有所改进。毫无疑问，这种匠人的辛勤劳动理当受到社会应有的尊重。但我们也必须如实地承认，匠人劳动的最大的缺陷是缺乏创造性。

(二)

大师和匠人是一种什么关系呢？我个人理解大师往往出自匠人，今日之大师可能就是昔日默默无闻的匠人。比如，中国著名的国画大师齐白石就是木匠出身；英国伟大的化学家迈克尔·法拉第也是自学成才。人类历史上这样的例子举不胜举，代不乏人，由此，大师出身于匠人抑或就是一条规律。

大师出自匠人不等于大师就是匠人，大师和匠人之间的区别是显而易见的。如上所述，大师从事的是创造性劳动，匠人从事的是重复性、继承性的劳动；当一个匠人从重复性、继承性的劳动中走出来，真正从事创造性劳动并取得了世人所公认的原创性的成果时，他就自然而然地发生了质的飞跃，一览众山小，从匠人成长为大师了。

当然，大师出自匠人并不表明所有的匠人都能成为大师。

不言自明，匠人要成为大师必须经过艰苦卓绝的努力，同时也需要宽松的有利于大师成长的环境。

（三）

我个人以为，大师成长的环境主要不在物质方面，而在于自由宽松的学术氛围。所谓自由宽松的学术氛围就其实质而言应是“独立之精神，自由之思想”的保持，就是“兼容并包”，就是对异端的宽容。

时代在进步，社会在前进。中国改革开放 40 多年来经济发展，政治清明，为各类人才脱颖而出提供了广阔的舞台，也为学术大师的产生提供了比较宽松的环境。与此同时，在比较宽松的大环境下，也不排除个别地区、部门、单位压制人才、打击人才的不正常现象的存在。

目前，我国制订的各种培养跨世纪学术带头人的计划大体上可分为两类：一类是资助人；一类是资助项目。我个人以为这两种办法均不十分科学。理由是资助人、资助项目不太符合创造性思维的发展规律，人所共知，真正的学术大师的产生主要靠公平、公开、公正的竞争，而不是依靠成批地培养。

资助人过早地划定圈子，难免存在揠苗助长的局限；资助项目也很难保证高质量学术成果的出现。在人文社会科学领域中，或许更科学的方法应该是像诺贝尔奖那样奖励“结果”而不是奖励“过程”。众所周知，诺贝尔经济学奖获得者的平均年龄是 69 岁，获奖的依据往往是作者 30 年前取得的、且经历了实践检验的原创性成果。

当今之中国，“著名的”经济学家不少，其生活似乎也算不上清贫，这当中的不少人甚至由于“一脚在体制内，一脚在体制外”而成为改革开放的既得利益者，率先走进了小康的行列。当然，这当中亦有不少人“报上有名，广播里有声，电视里有影”，成为了“星”级人物。但无论如何，学术是寂寞的事业。学术大师和影视明星之间毕竟有云泥之别。

20世纪末，有人瞻望新的21世纪将是“亚洲世纪”“中国世纪”。我想若要新的世纪成为“中国世纪”，那么中国就不仅要创造出世界上最大的GDP份额，毫无疑问，中国也必须拥有各个领域世纪上最多、最好的大师级人物。这无疑有待中国学界的团结奋斗。

或许，我们并不应该奢望产生出多少时代的思想巨子（这种思想巨子的出现往往可遇而不可求），但我们至少希望新的时代在中华大地上能够产生一大批有良知的、会用自己头脑思考中国问题的思想者群体。

做学问的境界与层次

1989 年 10 月，我去安徽屯溪参加学术会议路过郑州，顺道拜访了著名经济学家、河南省社科院研究员巫继学。巫先生才情过人，学识渊博，经常在《经济研究》和《哲学研究》上发表学术论文，更因《自主劳动论要》一书名重学林，被誉为中国自主劳动经济学的创立者，为此，我对之崇拜之至。

在郑州期间，我多次就学问之道向巫先生请益问难。他简单地说，多读书，读书到一定层次，学问就做出来了。同时，他对做学问的境界和层次作了如下描述：做学问的境界有三——为饭碗而学术、为学术而学术、为人类而学术；做学问的层次有四——浅入浅出、浅入深出、深入深出、深入浅出。当时，我对其思想一知半解，不得要领。但他的话我至今难以忘怀，且逐渐有了自己的体会。

诚然，为饭碗而学术是做学问的最低境界，是学人所不应该追求的境界。一个人既然许身于学术，就应该以学术为毕生追求的事业，而不应该视之为一种混饭吃的职业。当然，市场经济大潮风起云涌，学人也是人，也得面对现实生活。在目前国家财力有限、对科教的投入较少的情况下，有人坦言科教兴国，必先国兴科教也不无道理。但无论如何，作为学人，为饭碗而学术的境界是必须抛弃的。

为学术而学术较之为饭碗而学术自是上了一个较高的境界。这种境界凸显出学人所追求的人生价值不是别的，而是学术价值本身。本来，中国古代就有功利性读书的传统，书中自有“黄金屋”和“颜如玉”就是明显的例子。而今，中国搞市场经济，人心浮躁是不争的事实，即使在学人圈中也不例外。因此，为学术而学术的境界就显得弥足珍贵，值得赞扬和倡导。

为人类而学术是做学问的最高境界。我个人理解，真正的学术是没有国界的、超越时空的。当然，达此境界者自是学术界的高人、超人以至完人了。

做学问的层次，巫先生的描述十分贴切。我个人的理解是：浅入浅出者没学问，这类人没有学问，但大都实话实说，不乏可爱之处；浅入深出是假学问，这类人欺世盗名，故弄玄虚，不仅可恶，而且可憎；深入深出有学问，这类人值得肯定，但不能用通俗易懂的语言表述自己的思想，自是一种遗憾和悲哀；深入浅出是大学问，这类人不仅学识渊博，而且善于表达，此乃做学问之至高层次矣。

为人类而学术的境界和深入浅出的学术表达应该成为我们追求的目标。

肩负起中国经济学家的崇高使命

何大安教授在《经济学分类与经济学家分工》(见《光明日报》2005年7月26日,下称《何文》)一文中分析了我国经济学界存在的深层次问题,引起了共鸣,值得赞赏。但《何文》中有些观点似有商榷之处,在此,对经济学家分工、经济学研究现状以及如何提高经济学整体研究水平,谈点个人的看法。

一、经济学可以分类,但经济学家难以人为分工

《何文》讲经济学分类当然是对的,但依据经济学分类"把经济学家划分为理论经济学家、政府经济学家、企业经济学家"并不准确,期望通过"明晰经济学分类和经济学家分工的相互关系,……从而停止那些把经济学家划分为'三六九等'的不必要的纷争"更是一厢情愿的事情。

众所周知,所谓经济学家就是研究经济运行规律并在某一研究领域取得公认成就的学者。由此,凡称得上经济学家的人都是有一定的经济学素养并有学术专长的人才。没有理论素养的经济学研究者算不上经济学家,当然也不可能成为理论经济学家、政府经济学家或企业经济学家当中的任何一种。

诚然,经济学家都有自己特定的研究领域,但研究领域又是发展变化的。真正优秀的理论经济学家可能同时也是优秀的政府经济学家甚至企业经济学家。比如,凯恩斯可能是人类历史上最优秀的政府经济学家,但这并不妨碍他同时又是宏观经济学之父;萨谬尔森是世界公认的理论经济学家,但他同时热衷于经济政策研究,当时深得美国总统肯尼迪的信任,也曾为肯尼迪竞选总统出谋划策;弗里德曼是自由主义经济学的代表人物之一,但也承认货币短期非中性;哈耶克是相对纯粹的理论经济学家,但也溢出经济学研究范围,从事心理学、政治哲学、法哲学和思想史的研究,成为著名"自由意志论"者;博大精深、无门无派的

熊彼特是经济学说史上的巨人、具有思想家气质的理论经济学家，但他在《经济发展理论》一书中提出了著名的创新理论，从而成为研究企业发展理论的先驱；斯蒂格利茨是世界著名经济学家，2001 年诺贝尔经济学奖得主，2007 年诺贝尔和平奖得主，同时又曾担任美国总统经济顾问委员会主席和世界银行副行长等重要职务。应该说，多才多艺的经济学家往往能够在多个领域纵横驰骋并取得惊人的成就。

由此，人为地将经济学家划分为理论经济学家、政府经济学家和企业经济学家三种类型，并通过不同类型的区隔来淡化经济学家的能力差别，从而停止把经济学家划分为"三六九等"，以免引起不必要的纷争，其愿望可能是好的，但实际上不可能停止纷争。人的能力是千差万别的，研究经济问题的经济学家的研究能力也是千差万别的，这是不争的事实。如果硬要对经济学家队伍进行人为分工，就会存在一大堆问题：谁来主持分工？如何进行分工？我国经济学家队伍的合理比例结构如何确定？其合理性标志是什么？所有这些，恐怕没有人说得清楚。我倒完全同意《何文》的这样一种观点："摆在经济学家面前的任务是在精通理论的前提下如何将理论服务于实际，而不在于经济学家的类别划分。"

二、中国经济学研究整体处于"初级阶段水平"

《何文》提出，目前我国经济学界有一种值得关注的现象，即政府经济学家和企业经济学家的队伍不断壮大，理论经济学研究被冷落，重应用轻理论的倾向十分明显。这种概括大体是对的，但不完全正确。诚然，我国理论经济学研究不太活跃，水平也相对不高。对此，我国已故著名经济学家薛暮桥先生曾有精辟的说明。他说："我认为，就经济学的长远发展而言，我们的最高目标是写一本像《资本论》那样的进行高度抽象，揭示资本主义社会最根本的经济运行规律的，揭示社会主义经济运行规律的社会主义经济学。但是目前还不具备条件。……过去苏联和我国的经济学著作，都还是政策经济学，算不上理论经济学。"

众所周知，对我国而言，经济学是一门外来的科学。此正应了我国对理论经济学的冠名即所谓"西方经济学"。我国社会主义建设才半个多世纪。况且前30年搞计划经济，没有真正的理论经济学研究；后40多年改革开放，经济学研究才走上正途；明确提出社会主义市场经济则更晚，才30多年历史。由此，对我国的经济理论研究水平似不应苛求。毕竟，社会经济形态的发展是一种自然历史过程。经济学研究也不能跨越自然的发展阶段。

我国理论经济学研究被冷落，重应用轻理论的倾向十分明显。那么，政府经济学和企业经济学研究是否由于队伍不断壮大，而取得了非凡成就呢？答案恐怕也不十分肯定。其实，我国的理论经济学、政府经济学和企业经济学研究和我国社会主义初级阶段的时代背景相适应，都处于“初级阶段水平”。究其原因，大概有三个方面：一是我国社会经济处于转型期，现实问题太多，分散了经济学家的研究精力。二是社会经济转型期，社会各界都不同程度地存在人心浮躁，经济学家作为理性人亦难免脱俗。许多本来可能取得经济学成就的学者不甘寂寞，弃学从商、从政，中断了已有基础的研究即是证明。三是我国经济学家队伍的进入门槛太低，许多没有接受过经济学专门训练的人也“土法上马”拥入经济学家队伍，成为复旦大学张军教授所谓的“观点”经济学家，也就是北京工商大学梁小民教授所谓的“泛经济学家化”。

三、经济学家为什么不像自然科学家那样受人尊敬

由于我国社会主义初级阶段的经济学研究水平相对落后，也由于我们的经济学家队伍良莠不齐，因而人们对经济学家没有像自然科学家那样尊敬，经济学家内部也有相互埋怨之声。所有这些都是正常现象。究其原因，主要在于经济学本身的不精确性。早在80多年前，凯恩斯在《就业、利息和货币通论》一书中对此已有非常明确的论述。凯恩斯说：“从马尔萨斯以来，职业经济学家虽然并不因理论与事实不符，而‘有动于衷’，但常人却已觉察到这种不符情形，结果他们逐渐不愿意对经济学家像对其他科学家那样尊敬；因为后者之理论结果，当应用于实际时常可以用观察证实，而经济学则不然。”他又说：“各种社会科学皆然，经济学尤其如此，因为我们往往不能以一己思想，以逻辑的或实验的办法，做决定性的试验。”

四、提高中国经济学研究水平的路径

最后，如何深化经济理论研究，提高经济学研究水平？我认为《何文》所言“我们奉劝那些学术成就平平的经济学家在对待‘著名经济学家’美誉时，应该谨慎”，“那些认为政府、企业经济学家的进入门槛低，走捷径容易的学者，倒是应该冷静地思考来自同行的指责”等，并不能从根本上解决问题。

提高我国经济学研究水平的途径无非是两条：一是一切有志气的中国经济学家都应该以天下兴亡为己任，志存高远，要有毅力“坐得下”“熬得住”，要有勇气“走进学说史”“走进教科书”，要有使命感，要对后世有个厚重的交代，而不求轰动一时、显赫一时。用自己的聪明才智为经济学理论大厦增砖添瓦，从事真正原创性的学术积累应该是当代中国经济学家的崇高使命。二是我们的社会应为大师级经济学家的产生创造宽松的学术环境。简单地说，就是要包容各种不同的学术声音，要宽容经济学家当中的“另类”，使其有发展的空间和余地。一句话，要百花齐放、百家争鸣，使经济学家能够从事真正自由的创新性学术研究。

有人说21世纪是中国世纪，中国世纪中应该有中国经济学家的位置。我们渴望大师级中国经济学家的横空出世。

教学·科研·理论联系实际

理论联系实际是党的三大优良作风之一，是搞好革命和建设的思想武器；当然，也应该是搞好教学和科研工作的指导思想和原则。这里，仅就教学和科研工作中理论联系实际的问题谈点个人意见。

理论联系实际不是一件容易的事情。它至少有三个环节必须打通：一是弄懂理论，二是洞察实际，三是如何使两者有机结合。

那么，什么是理论呢？以经济学研究而言，它至少包括两大块：马克思主义经济理论，西方经济学中可“洋为中用”的部分。什么是实际呢？简言之，就是当代中国的经济改革和发展实践。所谓经济研究中的理论联系实际，就是从经济生活出发，运用已有的经济理论对实际材料进行去粗取精、去伪存真的制作功夫，提炼出规律性的东西用以指导当前的经济改革与发展。在这个过程中，当然也包括在实际工作中不断检验理论本身的正确性。理论联系实际，按照毛泽东在《改造我们的学习》一文中的形象解释，则是以马克思主义之“矢”射中国革命之“的”。

一部经济学说史，就是一部不同时期关于经济学热点问题探索争鸣的历史，也是经济学理论解释并改变实际的历史，古今中外概莫能外。著名经济学家陈岱孙教授说得好：经济学是致用之学。既是致用之学，经济学理论研究就得有认识世界和改造世界的勇气。当前，中国经济学研究中有两种倾向令人担忧：一是玄而又玄的数量化倾向，远离实际经济生活，玩数字游戏；二是“现状、问题、对策”三段式的工作研究，太多检验总结，缺乏理论色彩。事实上，理论联系实际既需要高深的理论水平，同时又必须熟悉国情。理论水平的高低往往与理论联系实际的程度成正比。

教学可能有些不同。笔者认为，大学课堂教学中不宜过多强调理论联系实际。试想，一个初入校门的青年学生，懂得多少理论，又熟悉多少实际经济生活呢？甚至可以极端地说，刚入校门的"小本科"绝大部分理论上是一张白纸，实际经济生活也是一张白纸。在此情况下，硬要其理论联系实际无异零联系零，能有什么结果呢？因此，大学阶段应该系统地掌握中外经济理论知识。课堂教学可以联系实际，但切勿忽视对系统理论的把握。至于专门性的实际知识最好到实际生活中去学习。依我愚见，即使国内外流行的MBA案例教学也大多只是"纸上谈兵"，绝非商海中的"实弹演习"。

当今是信息时代，我们不能期望学生在按照国民经济部门需求设计的高等财经院校中学习到迎接全球信息经济挑战的所有实际知识。古人云：授人以鱼，不如授人以渔。大学教学中最重要的事情，恐怕还在于给学生一个强有力的知识结构和方法论！今日中国，高等财经院校大多以培养实用型的高级管理人才标榜，其定位是否还有商洽的余地呢？

在课堂上不注重理论教学，而过分地、短视地讲"应用"对教师来说是一种失职，对学生则可能形成误导，严重些说是浪费宝贵的光阴。

当然，对各类教学形式也不能一概而论。普通高校大学生教学是一回事，成人教育和干部培训又是另一回事。在成人教育和干部培训中，应放大胆子理论联系实际，且联系得越多、越充分越好。原因是教学对象本身有一定的理论基础和实际工作经验。实践证明，成人教育和干部培训过程中，不善于联系实际的教学大多是失败的。

事实上，越是抽象的理论性的东西越有生命力；越是实际性的操作性的东西折旧率越高。为此，在大学教学中强调理论层次的学习，相应地淡化实际操作知识的传授，是完全必要的。

人们常言理论是灰色的，而生活之树常青。其间寓意或许亦可以理解为：理论往往具有相对稳定性和滞后性，而实际生活是丰富多彩的和耀人眼目的。这样，理论联系实际就无可争辩地成为每个人一辈子的事。此恐怕正是人为什么要活到老学到老的根本原因之一。

有些人一辈子没有弄通理论，也不曾深入地了解实际，更谈不上理论联系实际了。作为教学、科研人员，这无疑是一种缺憾和悲哀。

中国古代就一直强调"经世致用"。这样看来，理论联系实际是个古老的问题。唐代大诗人白居易的名句“文章合为时而著”,大概讲的就是理论联系实际。理论联系实际又是一个年轻的问题,不同的时代面临着不同的课题,有不同的理论和实际。由此,对理论联系实际的思考和运用就永远具有时代意义。

谈金融学专业研究生论文写作

论文写作是培养研究生批判性思维及创新能力的有机环节，亦是研究生科研能力与水平的集中体现。本文拟就研究生论文写作提出个人的若干思考，和大家交换意见。

一、选题

选题要解决“写什么”的问题，也就是发现问题。这是从事论文写作的开端和前提。发现有价值的选题需要学术眼光和智慧，并不那么容易。

1. 选题的原则

选题的原则无外乎两条：一是学术价值和现实意义，二是作者对选题的心得体会。前者可谓选题的必要性，后者是可能性。必要性和可能性的有机结合即现实性。有些题目可能学术价值很高，也有强烈的现实意义，即题目本身有价值，是有潜力有发展前途的题目，从必要性看很有意义，但作者可能学术积累不够拿不下来，写不出来，没有能力写。这样的题目虽有意义但不能选作题目。比如“新中国的金融事业”或“新中国金融50年”这样的题目需要占有的资料非常多，涉及的金融领域非常宽广，要投入大量的人力和物力方可完成，因而就不宜作为硕士甚至博士论文题目去写作。有些题目作者可能非常熟悉，也有心得体会，但题目本身价值不高，也缺乏现实针对性。这样的题目容易写，但学术价值上打了折扣，也不值得写作。比如“商业银行中间业务研究”或“商业银行信用卡业务研究”这样的题目太实际，属工作研究，对商业银行业务发展固然重要，但缺乏理论性，也不宜作为研究生论文去写作。可行的题目可能在于学术价值和写作能力之间的均衡地带。当然，这个均衡点不好把握。简言之，选题本身是科学，更是艺术。

2. 选题应注意的问题

(1)宜小不宜大。对此问题要高度重视。初学写作的时候选择题目宜小些,这样好驾驭,过大的题目,需要较深厚的学术修养。题目小并不代表题目本身学术价值就低。题目小也完全可以以“小”见“大”,“四两拨千斤”。著名经济学家、中国社会科学院研究员李扬的博士学位论文题目是“财政补贴经济分析”,就题目而言,是很小的。但他写得很好,论文出版后荣获孙冶方经济科学著作奖,受到学术界的广泛赞誉。再说,李扬本科在安徽大学读政治经济学,硕士阶段在复旦读货币银行学,博士阶段在中国人民大学读财政学。这样强有力的知识结构在同辈人中间是罕见的。李扬的博士论文可以说是宜小不宜大的典范之作。

(2)论题要集中。一篇论文集中解决一个问题,不要漫山遍野,四面出击。题目不集中容易导致选题的发散化,很难深入下去。

(3)选好切入点。这非常重要,同一个问题从不同角度切入进行研究,效果殊异。观察问题要有新的切入点、新的视角。选好切入点,有些问题就豁然开朗了,甚至有些很难缠的题目看似“山重水复”,由于新切入点的选取也可“柳暗花明”。

(4)自由选题与命题作文。一般而言,题目应自己定,你对什么题目感兴趣,有心得体会,就选什么题目去写作。这样,往往会自然而然,水到渠成。这是写作的一般状态即常态。当然,也可以命题作文。在导师非常熟悉研究生知识结构、学术专长和个人性情的情况下,也可以给学生出题目让学生去写作。这就是研究生命题作文了。中国学术界有多少硕士、博士学位论文属命题作文,笔者没有调查研究,讲不清楚,但我国古代散文中有许多命题作文写得非常出色,成为传世之作甚至千古绝唱。比如,范仲淹的《岳阳楼记》、王勃的《滕王阁序》、曹植的《七步诗》等都是受命之作。《岳阳楼记》在古文中堪称峰巅之作,其“先天下之忧而忧,后天下之乐而乐”的境界千百年来谁人又能逾越?

二、论文的结构

在西方,论文的结构大概是“选题背景与意义、文献综述、理论模型、经验实证、研究结论、参考文献”六大块。这种标准结构大有中国古代“八股文”的味道。但这是一个能创新的结构。

选题背景与意义即问题的提出，要回答为什么要写这样的题目，选题的理论价值和现实意义何在。

文献综述部分要澄清所研究问题“从哪里来，到哪里去”，这部分主要是继承，是梳理前人的成果并找出其内在的逻辑关系和演进的规律。不认真读书者很难写文献综述，对文献不十分熟悉者也很难写好文献综述。没有好的文献综述的论文一般来说很难写得好，很难有创新。文献综述是复述前人的成果，是尊重前人，实质上也是显示作者自己的读书量。一篇论文若没有必要的文献综述部分很难发表。我每次参加硕士论文答辩，没有文献综述部分的论文一般质量较低，就我自己而言，也对之评价不高。2002 年 6 月，我去吉林大学参加学术会议见到武汉大学庄子银教授，他刚从哈佛大学归来，谈及论文写作说道，在欧美论文若没有文献综述部分即知识产权关系不清，肯定得“枪毙掉”，不可能发表。由此可见文献综述部分的重要性。

理论模型部分是在继承前人成果基础上所作的自己的理论创新部分。这一部分是论文的主体，亦应是论文的精华所在。文献综述固然重要，但它是“前人的”和“别人的”，不是“我们自己的”。评价论文质量要看文献综述即对前人成果的继承，更要看我们自己的创新以及创新的高度。无论如何，继承的目的是为了创新。文献综述是前人的成果，理论模型是“我们自己的工作”。这是必须加以明确的。

经验实证是应用材料对理论模型的论证和支撑，即通过古今中外的实证材料来证明自己的理论模型的合理性。这部分要材料丰富，数据确凿，要有足够的材料支持理论模型，要“靠得住”。

研究结论是对全文的总结和概括。论文完成得好，结论部分的写作是顺理成章的事，相对来说容易得多。

参考文献亦是论文的重要组成部分。参考文献在论文写作中非常重要，读者沿着参考文献一路读下去，可以便捷地追溯论题的线索以至源头。参考文献的重要性是由学术研究的继承性所决定的。由此，有参考文献的论文才是真正的论文、开放性的论文，才有利于学术积累。

一般而言，一篇论文只是研究过程的某一阶段的工作，它很难也不应该终结某一问题的研究。即使非常完美的论文也难以穷尽真理(事实上也没有必要穷尽真理)，而只是为认识真理开辟前进的道路。凯恩斯的《就业、利息和货币通论》可谓经济学领域的峰巅之作，但也没有穷尽真理。新古典综合派、货币学派等经济学流派从凯恩斯的论著中获取良多、扬弃良多就是很好的证明。在西方，有些论文的参考文献甚至比论文本身篇幅还要大，由此可见参考文献的重要性。

在我国经济学界，有两种不好的倾向。一是有些学术刊物上的论文没有列示参考文献，论文中尽是“我认为”“我想”“我以为”等等，给人的感觉是这种论文“只有自己，没有别人”，这种太自我的写作方式很难对学术积累有所贡献。另一种倾向是列示无关紧要的参考文献过多。有些论文中列示的参考文献与论文本身没有多少相关性，纯属附庸风雅。给人的感觉只是“装腔作势，借以吓人”。这两种倾向都不好。

三、写作方法

这个问题一两句话很难说得清楚，但也不是没有规律可循。写作的顺序是先写文献综述，弄清问题的源头、发展和现状。然后在已有文献的基础上逐步形成观点，有别于别人的观点，也就是自己的理论创新。当然，理论创新可以是多方面的，提出新理论，发掘出新材料，提出新方法，修改已有理论的适用条件等都是理论创新。

经验实证部分实质上是选择材料进行论证的过程，要有足够的材料支持自己的观点。如果说理论模型是论文的“骨架”，经验实证则可谓论文的“血肉”。“骨架”得坚实有力，“血肉”得丰满，让人从实证材料中得到启示，让人感到你的观点是成立的，是靠得住的。

论文的结论要简明、清晰、准确。当然，结论部分要简短些，尽量采用条陈的方式。事实上，有丰富的文献综述，有自己的理论创新，有自己的实证材料，得出简明的结论是不难的事。

论文摘要和关键词一般应等待论文完成之后再写。

论文摘要是论文的“窗口”，宜简短。我国著名管理学家李怀祖教授讲博士学位论文的摘要有800字就足够了[①]。当然,简短的要求是尽量用最小的篇幅说明论文的中心思想。论文摘要写作中最常见的毛病是空洞无物。不少的硕士、博士论文摘要中,常有"思考了……""探讨了……""建立了……""构建了……""论证了……"等字眼,这种写作方式是错误的,既"大而无当"又"不得要领",读者读了论文摘要后一头雾水,并不知道作者研究了什么问题、得出了什么结论、有什么理论创新。论文摘要应具体写清楚作者研究的问题、采用的方法、得出的结论以及有别于别人的理论创新。否则,论文摘要的写作是失败的。

关键词是论文的"眼睛",有3～5个就足够了。关键词应集中体现论文的主题、思想和精神(见表1)。

表1 论文构成要素的性质

性质	论文构成要素				
	论文摘要关键词	文献综述	理论模型与经验实证	结论	参考文献
在论文写作中的地位	窗口、眼睛	基础、前提	主体	有别于别人的、自己的特色	基础、前提
产权归属	自己的	别人的	自己的创新	自己的创新	别人的

需要强调说明的是,中国是文章大国。中国知识分子把道德文章看得很重,自古就有"文章千古事"的说法。中国著名历史学家范文澜教授有句"板凳宁坐十年冷,文章不写半句空"的名言,由此可见老一辈学者律己之严和忠诚于学术的信念。当代中国,所有级别学校的学生都要写论文,各行各业评定职称也都要有成果。由此,论文写作的需求很大,发表论文的报刊亦很多。但作为研究生学位论文必须有一定的质量要求。在这里,我提出三条最基本的写作原则:(1)不吃官司,也就是论文写作严禁抄袭或剽窃他人的成果。这不仅是写作的底线,更是学术品质和学风问题。这个边界必须守牢。(2)不闹笑话。论文写作应是对自己科研成果的总结和再现,决不能犯常识性的错误,不能有

① 李怀祖.管理研究方法论[M].西安:西安交通大学出版社,2000:254.

"硬伤"。一半句"硬伤"都会对论文质量造成损害。当然,不闹笑话得有深厚的学养支撑才行。(3)要有属于自己的创新。严格地说,没有属于自己的创新,就没有从事论文写作的资格。

四、论文的语言

论文写作应使用标准的、纯正的经济学语言,这是不言自明的。人类在经济学的学术积累方面已取得了很大的成就,经济学已经具有自己一套完整的语言系统,一套"标准件"。我们写作论文必须使用它。如果不是利用经济学的标准规范的语言,那么你写出的论文别人就读不懂,很难理解。全世界都用"1、2、3、4、5、6、7"这样的字符作曲,而你用"30、50、80"作曲,别人如何看得懂?

当然,使用标准的、规范的经济学语言并不排斥论文语言的生动性。《毛泽东选集》当中几乎都是议论文,但毛主席的语言就特别鲜明、生动。比如《别了,司徒雷登》《友谊还是侵略》等,题目就特别灵动。不像我们常见的论文题目"关于……的思考""关于……的探讨"等。更有甚者,有些论文题目是"关于……的深层思考""关于……的理性思考",这样的题目要不得。你的论文写得好、有思想、有观点,别人看得懂。何必自称"深层思考""理性思考"呢?难道别人的论文是所谓"浅层思考"和"非理性思考"么?

在我国老一辈经济学家中,我偏爱厉以宁教授和黄达教授。他们的论著不仅有思想,而且有文采。厉以宁教授的论著文字干净、清爽,如行云流水,给人以美的享受。黄达教授的论著文字老辣,韵味十足,那种自成一格的"黄达味"我们能感受到,却难以企及。

就我自己有限的写作经验而言,不成熟的看法是:论文的开头起势要高;中间的论证部分要风起云涌,波澜壮阔;结尾要紧,必须戛然而止,给人回味无穷的余地。

总之,理论创新不易,论文写作是一个困难的过程。但只要我们勤于思考、多读书、多练习,方法是可以逐步掌握的,规律亦是不难寻找的。问题的关键在于我们必须拥有敢于创新、敢于成功的勇气。

提高金融学专业硕士学位论文质量的若干思考

近年来,研究生论文质量问题已引起社会各界的普遍关注。本文仅就金融学专业硕士学位论文质量有关问题,谈点自己的粗浅意见。

(一)

目前,金融学专业硕士学位论文质量存在的问题很多。择其要者,主要是:

1.清一色的"应用研究"

就我自己参加的有限的金融学专业硕士学位论文答辩而言,清一色的"应用研究"是强烈印象之一。以西安交通大学为例,硕士生学位论文本来有理论研究、应用基础、应用研究、研究报告、软件开发、设计报告、案例分析、调研报告、其他 9 种类型。但金融学研究生几乎清一色地选择"应用研究"一项,给人的印象就只是一个字:浅。

2.缺乏应有的文献综述部分

文献综述是科学研究的基础,是论文写作的前提。只有弄清楚自己研究问题的历史、现状,才可能开始研究问题;也只有拥有研究成果,才能开始论文的写作过程[①]。但绝大多数硕士学位论文却缺乏应有的文献综述部分,即使有也只是一页、半页,文献综述轻描淡写。这样给人的感觉是论文作者对所研究问题本身没有深入的理解,不知道研究问题"从哪里来,到哪里去",其结果是整篇论文洋洋数万字中"只有自己,没有别人"。事实上,不知道研究问题的历史、现状,很难有真正的创新,也写不出高质量的论文。

① 崔建军.读书与写作[J].学位与研究生教育,2000(5):54-55.

3. 论文结构大多未摆脱“现状、问题、对策”的工作研究模式

这与缺乏文献综述有必然的联系。因为不知道研究问题的历史和研究现状，就只有对现实问题本身作自己的描述。给人的感觉是“实对实”，没有理论性。思维是平面的，没有立体感和纵深感，更谈不上论文结构上的几何美了。当然，这不能太多地责怪研究生。我国正处于市场化改革的社会转型期，各种现实问题层出不穷，学术界的研究任务很重，连许多著名的经济学家都不得不，甚至专门地写作对策性的论文，研究生(包括笔者本人)又如何能免俗呢？再说，我国各行各业都评定职称，且各系列职称评定都有不同程度的成果要求，由此，对策性论文的市场大得很！

4. 学术创新不多

评价学术论文质量的唯一标准就是创新。考察一篇论文的质量应看其“有无创新、有什么创新、创新的高度、论文的结构、论文的语言等”[①]。创新也可以是多方面的，比如，提出新理论(新观点)、使用新方法、发掘出新材料等等。硕士学位论文在创新方面应该有一定的要求。但目前不少金融学专业硕士学位论文缺乏创新。论文作者在论文中强调自己有创新，甚至写了 3 条、5 条创新或者更多，然仔细推敲，好多创新根本站不住脚，并不是真正的创新，有些干脆仅是金融学的常识而已。

此外，还有一种说法：本科生阶段培养操作型人才；硕士生阶段培养应用型人才；博士生阶段培养创新型人才。我不同意这样的培养目标定位。因为没有人能保证博士生一定能有创新，也没有人敢断定本科生就不能创新。至少对人文社会科学而言不可一概而论。能否创新恐怕因人而异，具体问题必须具体分析。

在我国，“创新”现在是一个时髦的词汇，有泛用、滥用之势。机关团体、部队、学校、企业等单位的大楼上到处都是“团结、奋进、求实、创新”之类的标语。“创新”成了一种时髦标签，什么地方都可以贴，也就没有特色和意义了。

---

① 李怀祖.管理研究方法论[M].西安：西安交通大学出版社，2000：274－277.

莫要轻言创新。创新之艰、创新之难、创新价值之珍贵，也不是一般轻浮的人们所都能理解的[①]。

（二）

诚然，导致金融学专业硕士学位论文质量下降的原因很多。但概而言之不外学风和社会风气两个方面。

1. 关于学风

学风是个很大的字眼，有着丰富的内涵和外延。这当中有学术品质、学术传统、学术理念、学术传承，亦有学人（包括教师和学生）自身的人生观、价值观、世界观等。学风不是虚的，它具体体现在学人身上。学术界讲"薪火相传"，什么是薪？什么是火？我理解所谓"火"就是"真理之火""学术之火"；"薪"就是一代一代的学人。正是由于有一代一代的学人投身学术，将自己当作"薪"投入"真理之火""学术之火"，才使得学术之火、真理之火越烧越旺，历久不熄。

毋庸讳言，若以上述学术标准要求当今的金融学教师和学生，当然太高了。换句话说我们的教师和学生都做得很不够。

就学生方面看，勤奋上进、刻苦钻研、有理想、有追求、有事业心当然是主流，并且现在的金融学硕士生一般来说英语、数学及计算机基础较好，这是优势。其劣势是缺乏严格的学术训练，学术视野狭窄。有些人认为金融学是应用经济学，应用经济学就是研究实际问题，因而学位论文写作都是"应用研究"，也就是对实际问题谈点自己的看法。更有甚者，有些研究生思想素质不高，"没有理想、整天无所事事，或是忙于考托（TOEFL）考G（GRE），不是想在毕业之后谋个'小康'，就是一心想到国外淘金"[②]。这是金融学专业硕士论文质量下降的主要原因，已引起教育界有识之士的高度重视。

就教师方面看，个别教师教学态度不认真，对学生学习漠不关心，对论文指导"睁一只眼，闭一只眼"，敷衍了事，得过且过。有些教师心

---

① 王汶石. 亦云集[M]. 西安：陕西人民出版社，1983：99.

② 黄达，裴平. 二十一世纪中国金融学教学改革与发展战略[J]. 财贸经济，2001(11)：35－42.

不在学校，把教学当作职业、饭碗甚至是“副业”，而不是当作一种崇高的事业。也有些教师自己不搞科研，对学术动态不甚了解，无法很好地指导学生从事论文写作。

此外，我国高校普遍不重视金融史和金融学说史的教学，也是金融学专业硕士学位论文质量下降的原因之一。

2. 社会风气问题

众所周知，我们目前处于并将长期处于社会主义初级阶段，我国是世界上最大的发展中国家，正在进行市场化取向的体制改革。特殊的国情决定了我国目前特殊的学术环境。在完全市场化的国家，人们的价值取向是多元化的，而我国目前处于社会转型期，人们的价值取向好像一元化、物质化了。教师与学生都受到了环境的影响。当然，环境对朝气蓬勃和可塑性强的年轻学子的影响更大些。“由于社会环境的影响，加之考研的功利主义动机，有些研究生急功近利、浮躁难安、唯我独尊，似乎进入校园就是为了一张文凭。”①

应当承认，当前浮躁的社会风气已严重影响研究生教育质量和研究生的论文水平。

（三）

针对金融学专业学位论文写作存在的问题，这里提出以下对策建议，仅供参考。

1. 加强教育，端正学风

就教师而言，要真正教书育人，把教学当作一项崇高的事业去追求，要对硕士学位论文真正负起指导责任，对学生严格要求、热情指导，对论文写作从选题、论文结构、观点的提炼、材料的选择等方面进行全程指导和监督。

就学生而言，对硕士学位论文写作必须端正态度，要热爱学术、追求真理，不能把论文写作仅当作谋取学位的手段，当“敲门砖”和“晋身台阶”。硕士学位论文写作是硕士生教育的重要环节，也是检验学生学

① 薛惠锋.研究生应注重处理好“五大关系”[J].学位与研究生教育，2002(5):3-5.

习情况的综合性指标，必须引起硕士生的高度重视。

2. 建立制度，硬化约束

(1)对硕士学位论文应实行匿名评审，由研究生院负责送审、回收。

(2)严格答辩流程。硕士生学位论文应在匿名评审合格的基础上进行，对匿名评审不合格的论文应拒绝答辩；论文答辩应邀请校外同行专家参加；答辩不能走过场，应在匿名评审淘汰的基础上再做筛选和淘汰；论文答辩的性质应该定位在对论文质量的面试和现场检查上。

(3)对提请答辩的金融学硕士学位论文要有一定的淘汰率，比如10%～20%，不能全部通过了事。

货币银行学向何处去

一、传统货币银行学体系的终结

所谓传统货币银行学这里特指源于苏联、广泛流行于20世纪50年代至80年代中国高校的货币银行学教科书，其典型代表是中国人民大学出版社于1957年出版（1980年第二版）的《资本主义国家的货币流通与信用》和中国财政经济出版社1981年6月出版的《社会主义货币信用学》。这两本教科书在中国金融教育界有广泛的影响，特别是前者，它是苏联学者布列格里所著同名教科书的改写本，在我国金融理论界和金融教学界，人们通常称之为"蓝皮书"，影响相当深远。诚然，这两本教科书在满足金融教学之急需、普及金融基础知识方面做出过重要的历史贡献。然而，仔细推敲这两本教科书，其体系结构和研究方法又存在着严重缺陷。

传统的货币银行学的体系结构可归纳为"两条线"和"三大块"。"两条线"即"资本主义"和"社会主义"，"三大块"则是"货币、信用、银行"三部分。这种"两条线"加"三大块"的体系结构，过分强调资本主义货币金融与社会主义货币金融的本质区别，忽视了在市场经济发展基础上货币金融所具有的超越国别的一般规律，带有强烈的意识形态色彩。在这种体系结构下，货币银行学（当时更多地称为"货币信用学"）这一学科被人为地严格区分为"资本主义部分"和"社会主义部分"，有时则分别称为"资本主义货币银行学"与"社会主义货币银行学"，从而使统一的一门学科分割为两个互相独立的部分。这种局面直到1990年以后才有所改变。从研究方法看，传统货币银行学明显存在下列弊端：

（1）金融理论研究中存在着严重的教条主义倾向。其主要表现是，凡事都古板地照搬马克思列宁主义经典著作作为理论研究的根据，忽视已经发展变化了的客观实践。因此，在论述问题时，总是从马列经典中旁征博引，寻求理论支持。实际上，马列主义货币金融理论也要与时俱进，伴随实践的发展而发展。只摘抄马列主义货币理论的个别词句，而忽视不断发展的金融实践，不仅不能解释实践，而且还可能窒息马列主义货币理论的生命力。

(2)视货币银行学为政治经济学的组成部分。在这种指导思想下，政治经济学的研究对象是生产关系，作为政治经济学组成部分的货币银行学，其研究对象理所当然是货币信用领域体现的生产关系。这样就把货币银行学的研究引上了追求"抽象"和"本质"之路，而缺乏对现实金融实践的观察和思考，也将无视对金融运行及其规律的把握。

(3)对待西方货币金融理论不是实事求是地批评、借鉴，而是简单地加以全盘否定。具体表现是，权威的货币银行学教科书《资本主义国家的货币流通与信用》中没有"货币需求""货币供给""货币均衡"等所谓"资产阶级货币理论"的介绍。《社会主义货币信用学》中没有"通货膨胀"和"金融市场"等部分①。理由是，通货膨胀只存在于资本主义社会，金融市场是资本主义的东西，与社会主义中国没有关系。这样，就造成了货币银行学教学内容的严重缺块，理论严重脱离实际。

(4)注重定性分析，忽视定量分析。在当时的大背景下，整个经济学科都是如此，货币银行学自然不可能例外。

二、现行货币银行学面临的困惑或存在的问题

时代前进了，货币银行学伴随时代前进的步伐亦取得了革命性的进步。典型的表现就是"两条线"(资本主义、社会主义)的体系结构逐步退出了历史舞台。今天，在中国金融界似乎不会有人硬要再把货币银行学这门独立的学科分割为两个独立的部分。也不会有人再去编写所谓《资本主义货币银行学》和《社会主义货币银行学》了。诚然，这是

① 需要特别说明的是，中国社会科学出版社于1983年10月出版的香港大学饶余庆教授所著的《现代货币银行学》中对"金融市场""货币理论""货币金融与经济发展"等问题进行了详细介绍。这本书开风气之先，在体系结构上有新的突破。遗憾的是，中国金融教学界当时甚至时至今日对这本优秀的教科书没有给予足够的和应有的重视。

历史的进步，但是我们也应看到，在货币银行学走出时代的局限和阴影，而在市场经济这个共同的背景和基础上逐步完善体系结构、拓展研究内容和更新研究方法的时候，面对经济全球化、货币化、金融化的时代大潮，面对我国改革开放的日益深入，面对高校学科建设的急迫要求，它又面临着巨大困惑。

困惑之一，逻辑结构上缺乏“一致性”(compatibility)。众所周知，传统货币银行学的体系结构是“两条线”(资本主义、社会主义)“三大块”(货币、信用、银行)。“两条线”伴随时代的进步已随风而去，但内容上“三大块”的“板块结构”依旧。有所不同者，只是在原来的基础上加上了新的板块，如作为货币理论的“货币需求”“货币供给”“货币均衡”“通货膨胀”“货币政策”，还有作为金融发展理论的“金融抑制”“金融深化”等。本来，加上“金融市场”“金融发展”和“货币理论”部分，极大地丰富了货币银行学的内容。但在一定程度上又使货币银行学内部逻辑结构上缺乏“一致性”。以货币理论部分而论，前半部分讲货币的起源、货币的本质、货币的类型、货币的职能、货币的作用、货币制度等，给人的感觉是“马列主义”的；后半部分介绍的货币需求、货币供给、货币均衡、通货膨胀、货币政策等，给人的感觉好像又是“西方经济学”的。前面着重介绍的是马克思，后面介绍的则是费雪、马歇尔、庇古、凯恩斯、弗里德曼等。从学科建设来看，逻辑结构上的缺乏“一致性”是致命的。因此，我们能否得出结论，我们在货币银行学科建设上，仍然存在着巨大的局限性。

困惑之二，内容上的“板块构造”。传统货币银行学的内容结构是“三大块”，加上金融市场是“四大块”了，再加上“金融发展”和作为国际金融理论部分的“国际交往中的货币”“国际收支”“国际金融体系”，可以说是“六大块”了。当然，货币金融领域中的新问题层出不穷，比如目前大家特别关心的“金融全球化”“金融危机”等要不要再加进去。我个人认为教科书是讲原理的，走进教科书的恐怕只能是“原理”，而不是“问题”。如果所有的现实问题都要进教科书，那么，货币银行学教科书的内容将会无限制地膨胀下去。无论如何，货币银行学(包括所有的经济学科)所能提供给人们的只能是“分析工具”，而不应该也不可能是所有问题的“现成答案”。易言之,货币银行学只能是“工具箱”而不是“问题框”。

困惑之三,地位上的不确定性和内容上的交叉重复。本来,货币银行学是金融学科的门户,在金融学科体系中发挥着“承前启后,继往开来”的作用。然而,现行的货币银行学在讲授内容上却面临着宏观经济学和银行业务课的双重挤压。一方面,原有货币银行学中与宏观经济运行与宏观调控密切相关的内容如“货币理论”“汇率理论”“货币政策”“内外均衡”等逐渐被吸收到宏观经济学的理论体系之中;另一方面,关于金融机构、金融业务等比较微观些的内容又为中央银行学、商业银行经营学、金融市场学等银行业务课程所讲授。这样,货币银行学在讲授内容方面就面临“前压”与“后挤”的双重压力(见图1)。

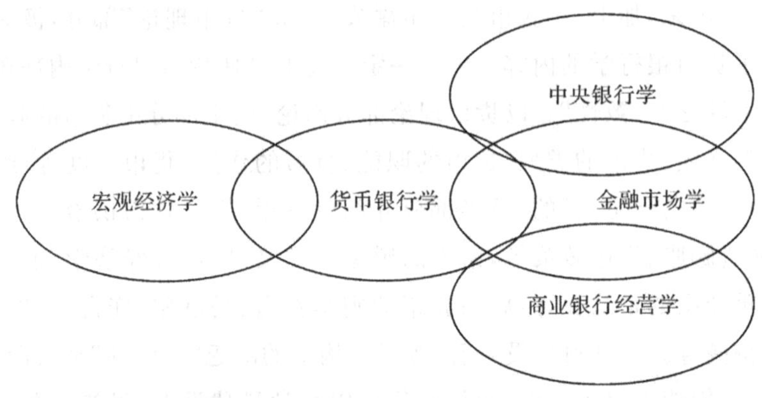

图1　货币银行学同相关学科的关系

由于内容上的交叉重复,货币银行学在金融学科体系中的地位就变得相当模糊和不确定。

困惑之四,来自国外潮流的困扰。这主要指兹维·博迪和罗伯特·C.莫顿的《金融学》所引导的仅研究金融市场的微观金融方向的困扰。

困惑之五,缺乏应有的“导论”部分。现在流行的绝大多数货币银行学教科书只有“引言”而没有真正的“导论”,对货币银行学学科的研究对象、学科体系、研究方法等缺乏深入细致的讨论。

困惑之六，教科书更名的压力。随着1997年国务院学位委员会修订研究生学科专业目录，将原有目录中的“货币银行学”专业和“国际金融”专业合并为“金融学（含保险学）”专业，金融教学界遂出现将“货币银行学”更名为“金融学”的此起彼伏的呼声。其理由是金融学专业理应像财政学等专业那样，有一本作为学科专业理论基础的“金融学”教科书，并且国内已经出现了不少冠名“金融学”的本科生教材与硕士生教材[①]。应当肯定，这些都是有益的尝试。

三、未来货币银行学的前途

传统的货币银行学已退出历史的舞台，这是时代的选择，历史的进步，不以人的意志为转移。现行货币银行学面临一系列的困惑或存在着一系列有待解决的问题，需要创新和变革。因此，对货币银行学不是“取消”的问题，而是“完善”的问题。

（一）货币银行学为什么不能被“取消“？

道理很简单，大概有以下三条：

第一，货币银行学在金融学科体系中扮演着重要的角色，居于“承前启后”的位置。所谓“前”是指理论经济学；所谓“后”是指金融专业课如中央银行学、商业银行经营学、金融市场学、国际金融学、保险学等。货币银行学在金融学科体系中的重要地位可粗略图示如下（见图2）。

时至今日，货币银行学作为金融学专业的专业基础课即“概论性质”的课程，地位尚牢不可破。而且显而易见，货币银行学是“学”，金融专业课如中央银行学、商业银行经营学、金融市场学、国际金融学等都是“术”。“学”是“术”的基础。

第二，中国与美国经济发展的阶段不同。在中国，银行仍然在融资总额中占绝大部分比重。因此，研究货币银行的学问并不过时。况且，

---

① 事实上，在国务院调整学科目录和要以“金融学”取代“货币银行学”呼声之前，国内早已存在多本“金融学概论”教材。有所区别的是，“金融学概论”大多是为非金融专业编写的、实为介绍货币银行学基础知识的教科书。

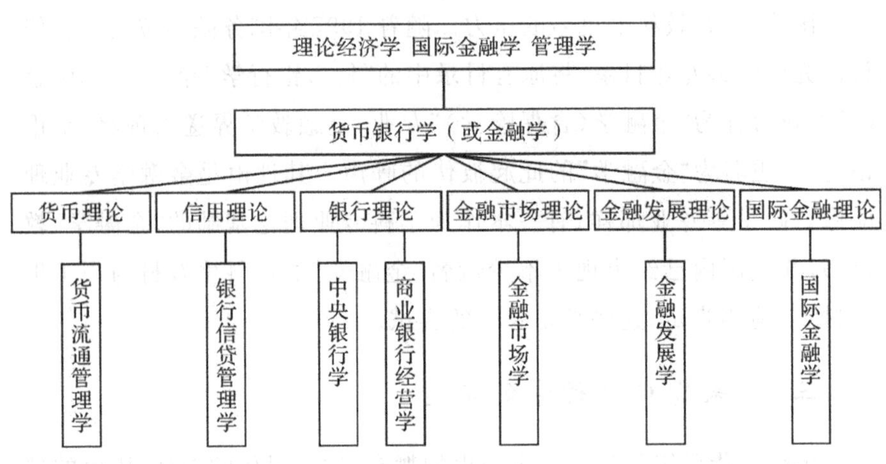

图 2　货币银行学在金融学科体系中的地位

即使美国抛弃了银行体系，只要全世界绝大多数国家仍然存在银行，并以银行间接融资为主，那么，货币银行学作为研究货币银行的学问就依然有存在的价值。这种趋势不会以美国的意志为转移。更何况，即使在美国，也不是所有的学者都同意博迪的观点。比如同是著名学者的美国科学院院士、麻省理工学院(MIT)金融学教授斯蒂芬·罗斯就不同意博迪的观点。罗斯认为"商业银行有它的独特功能"，"认为商业银行会消失未免有些过头"[①]。在美国，也看不到"货币银行学"走向衰亡的迹象。钱得勒(L. V. Chandler)和哥尔特菲尔特(S. M. Goldfeld)的《货币银行学》、米什金的《货币金融学》在美国一版再版，长盛不衰即是很好的证明。中国改革开放要学习国外的先进经验，中国的金融学科建设也要追随世界金融发展的潮流，中国金融学界宜倾听来自世界各种不同的学术声音，并择善而从。

第三，要承认学科发展的相对稳定性。常言道："理论是灰色的，而生活之树常青。"这句话暗含轻视甚至贬斥理论的味道，但也说明了一个普遍存在的事实，即理论有相对滞后性。一门成熟的学科自然应该吸纳自己研究领域的新的问题并上升到理论的高度作深入的探讨，但

① 廖理，汪韧，陈璐. 探索智慧之旅：哈佛、麻省理工著名经济学家访谈录[M]. 北京：北京大学出版社，2000：167.

学科本身应该有相对稳定性，只有相对成熟的、成为共识的东西才能被纳入学科体系之中。

当然，我们也赞赏建立大金融学的努力。甚至，我们未来的目标或许应该像经济学那样，相应建立起“宏观金融学”和“微观金融学”或叫“宏观金融分析”和“微观金融分析”那样的金融学科体系。但这绝非一朝一夕所能完成，需要金融界同仁艰苦卓绝的探索。在未建立起更为科学的金融学科体系之前，对货币银行学的科学态度恐怕是莫要轻言放弃。

（二）如何“完善”货币银行学？

面对更名的呼声，面对建立大金融学的竞争，货币银行学如何完善自身以求生存和发展？我认为，“攘外”必先“安内”。目前急迫的事情是要在市场经济这个共同的土壤和基础上追求货币银行学内部逻辑结构的“一致性”，使货币银行学真正成为体系严整、内容翔实的金融学专业的“入门”教科书，成为了解金融学专业的“窗口”。要实现这个目标，现行的货币银行学必须进一步拓宽视野，从宏观经济学、国际经济学、管理学等学科当中吸取营养，提高质量。

对“货币银行学”是否更名为“金融学”以及要不要编写一本包罗万象的金融学教科书，我们也想表明自己的态度。

就学科建设而言，叫不叫“货币银行学”不是本质问题，核心问题是其体系结构、内容有无真正的创新。易言之，更名只是个技术问题，纯粹的冠名之争没有什么真正的学术意义。

编写一本包罗万象的“金融学”，将原有的货币银行学内容包进去，再加上货币银行学没有涵盖的“金融全球化”“金融稳定”等现实金融问题以及保险学的基础知识等，这种需求并不急迫。

金融问题层出不穷，新的金融领域不断涌现，要包罗万象和包打天下，既不必要也无可能。对此，国内外金融学者似乎早有定评。比如，中国香港大学饶余庆教授在其《现代货币银行学》一书的前言中说：“由于本书属于概论性质，不可能对所有的有关问题都作深入和详尽的分析。”美国经济学家钱得勒和哥尔特菲尔特在其合著的《货币银行学》（*The Economics of Money and Banking*）前言中告诉读者：“这不是一本关于货币和银行的全面论述。即使篇幅几倍于此，也不能说可以完整无遗地论述在货币和银行领域中积累下来的在理论、法律、制度、经验以及历史方面浩瀚的资料。而且，我们也不认为迫使初学者费力去弄通这门渊博而复杂题目的百科全书式的论述是适当的。”[①]

当然，有些同志对“金融学”更感兴趣，应允许其尝试。“货币银行学”和“金融学”之间完全可以“和平共处”甚至“和平竞赛”，共同促进金融学科走向繁荣。

---

① 钱得勒，哥尔特菲尔特．货币银行学[M]．北京：中国财政经济出版社，1980：2.

论货币银行学及其建设

货币银行学是研究货币、信用、金融机构、金融市场的历史发展和金融运行规律的一门学科。它是金融学专业的基础理论课。学习和研究货币银行学,应了解货币银行学产生和发展的历史,掌握货币银行学的研究对象,把握货币银行学的学科体系和基本内容,理解货币银行学的特点和方法。

一、货币银行学的产生与发展

货币、信用、银行和金融市场是市场经济发展的产物,没有市场经济就没有货币、信用、银行和金融市场存在和发展的基础,也就没有作为研究金融活动及其规律的金融学科(包括货币银行学)存在和发展的前提。

20 世纪以前,货币大多以商品货币形式存在,包括实物货币和金属货币。在这种货币制度下,信用制度和银行组织很不发达,货币、信用、银行在生活中尚不占重要地位,因而未纳入当时以实物分析方法为主的古典经济学的框架之中。随着商品货币化、经济信用化程度的不断加深,货币信用理论开始有了一定程度的发展。至 20 世纪初,西方国家开始形成了独立的以银行为中心,以货币、信用、银行和国际金融关系为研究对象的货币银行学这一学科。其代表性著作是 1914 年美国学者霍斯华茨(J. H. Holdsworth)所著的《货币与银行》(*Money and Banking*)。在一定意义上讲,霍斯华茨的《货币与银行》的问世代表货币银行学学科的兴起。

此后,世界金融领域发生了一系列变革:(1)1929—1933 年的大危机,导致金本位制走向解体;(2)1936 年,凯恩斯(John Maynard Keynes)出版了著名的《就业、利息和货币通论》(*The General Theory of Employment Interest and Money*),货币非中性成为经济学界的共知;(3)伴随20世纪50年代和60年代金融市场的广泛发展,哈里·马科维茨(Harry Markowitz)提出了证券组合理论;(4)20世纪70年代初,麦金农、爱德华·S.肖提出了“金融压制论”和“金融深化论”;(5)20世纪80年代初,拉美国家(墨西哥、巴西、阿根廷)爆发金融危机;(6)1997年,东南亚爆发金融危机。

上述金融领域发生的一系列变革和金融理论的巨大进步,使原来以银行为中心定位的货币银行学已很难完全把握货币、信用、银行相互渗透、密切结合的金融现实,货币银行学开始面临挑战。于是,西方学者率先对其补充和完善。

1977年,美国经济学家钱得勒(L. V. Chandler)、哥尔特菲尔特(S. M. Goldfeld)出版了《货币银行学》(*The Economics of Money and Banking*)第七版,1980年6月和1981年1月,该书的中译本(上、下册)由中国人民大学财政金融教研室集体翻译,在中国财政经济出版社分别出版。此书的最大特点是十分重视对美国货币政策的分析。作者在前言中坦言:“本书最终关心的是政策。”[①]此书中译本出版后,产生了深远的影响,目前活跃于我国金融界的中青年学者大多阅读过此书,并深受其影响。

1980年,美国经济学家托马斯·迈耶(Thomas Mayer)等出版了《货币、银行与经济》(*Money, Banking and the Economy*),该书加入了讨论金融市场和国际金融的内容,成为美国20世纪80年代最为流行的货币银行学教科书,被哈佛大学、耶鲁大学、芝加哥大学、麻省理工学院等132所大学采用为教材。

1984年美国学者米什金(Frederic S. Mishkin)出版了《货币金融学》(*The Economics of Money, Banking and Financial Markets*),书中以1篇5章讨论金融市场。该书中译本1998年由中国人民大学出版社出版,在我国有广泛的影响,成为美国“经济学院模式”的货币银行学的代表性作品。

---

① 钱得勒,哥尔特菲尔特.货币银行学:上册[M].北京:中国财政经济出版社,1980:1.

1997年，美国学者兹维·博迪(Zvi Bodie)和诺贝尔奖得主罗伯特·C.莫顿(Robert C. Merton)合著的《金融学》(*Finance*)一书出版，2000年中国人民大学出版社出版了该书的中译本。该书以资本市场为研究对象，研究内容为金融与金融体系、时间与资本分配、价值评估模型、风险管理和投资组合、资产定价、公司理财等。此书被奉为美国"商学院模式"的金融学的代表作，成为我国金融学界研究微观金融和金融工程的范本。

纵观货币银行学在西方的产生与发展，可以看出它与金融变迁密切相关并伴随金融变迁而演进，经历了货币学、信用学、银行学、金融市场学、金融学的演进逻辑，目前正向宏观金融学(货币经济学)和微观金融学(金融经济学)方向发展，并且这两个方向齐头并进，共存共荣。

新中国成立初期，由于我国与苏联都实行高度集中的计划经济体制，因此货币银行学教材基本上以苏联教材为蓝本。20世纪50年代初，我国金融教学中使用了李达教授的《货币学概论》。以后引用从苏联引进的布列格里教授的《资本主义国家的货币流通与信用》。1957年，中国人民大学林与权教授等根据布列格里教授的教材改写的同名教材出版。这本教材1980年又出版了修订本，与1981年中国财政经济出版社出版的《社会主义货币信用学》构成姊妹篇，被喻为"蓝皮书"和"黄皮书"，影响深远，为培养我国金融人才做出了历史贡献。其不足之处是将一个完整的学科体系分为"两条线"(资本主义、社会主义)和"三大块"(货币、信用、银行)，带有较强烈的意识形态色彩和教条主义倾向，且研究内容与金融实践完全脱节。这两本教科书已退出历史舞台。

1983年10月，香港大学饶余庆教授的《现代货币银行学》由中国社会科学出版社出版发行，此书是中国大陆第一本全面介绍西方货币金融理论的教科书，率先介绍了当时在我国国内尚少有人知的货币供求理论、"金融压制论"和"金融深化论"，但遗憾的是，由于各种原因，此书没有引起我国金融界的应有重视。

1992年，中国人民大学黄达教授主编的《货币银行学》由四川人民出版社出版发行，该教材打破了传统货币银行学"两条线"和"三大块"的束缚，成为我国高等学校财经类核心课程教材。之后，此书多次修订再版，在我国经济学界产生了巨大影响，成为我国高校普遍使用的权威教科书。

当前，我国高校使用的《货币银行学》版本不下百余种，比较权威的除黄达教授主编的《货币银行学》外，主要有厦门大学张亦春教授主编的《货币银行学》(厦门大学出版社，1995)、深圳大学曹龙骐教授主编的《货币银行学》(高等教育出版社，2000)、北京大学易纲和吴有昌著的《货币银行学》(上海人民出版社，1999)、中国人民大学周升业教授和西南财经大学曾康霖教授主编的《货币银行学》(西南财经大学出版社，1993)等。

当然，在我国与《货币银行学》同时并存的教材还有《金融学概论》，这类教材是为非金融学专业的学生编写的。

1997 年 8 月，当时的国家教委对我国教育学科目录做了调整，内容之一是将原"货币银行学""国际金融学"及"保险学"合并统称为"金融学(含保险学)"。同年 10 月，中国社会科学院的中青年学者王松奇、李扬、王国刚编著出版了财经类研究生教材《金融学》，该书的最大特点是用 6 章专门讨论金融市场，占全书 19 章的近 1/3 的篇幅。此书是我国第一本财经类研究生教材。整体来看，该书的研究领域仍然是宏观金融和微观金融兼而有之。

2003 年 7 月和 8 月，曹龙骐教授和黄达教授先后将其主编的《货币银行学》更名为《金融学》。黄达教授的《金融学》较之从前的《货币银行学》字数翻了一番，逾百万字，内容更加充实了。

就密切结合中国金融现实而言，黄达教授的《货币银行学》和《金融学》都代表当代最高水平，同类教科书中无有出其右者。

除了《货币银行学》《金融学》之外，近年来我国高等财经院校还流行有《货币金融学》，比如上海财经大学戴国强教授的《货币金融学》(上海财经大学出版社，2001)，但其内容和货币银行学没有本质的差别。

二、货币银行学的研究对象

不知何故，在我国流行的中外《货币银行学》教科书中，大多缺少导论部分，而是直入本题讨论"货币与货币制度"或"金融与金融体系"；由于缺乏导论部分，因而很少有人讨论货币银行学的研究对象。货币银行学的研究对象似乎成了货币银行学的禁区。这是非常令人遗憾的。

科学的研究对象的确立，是科学赖以存在的前提，也决定着这门科学的基本内容及其发展方向。

毛泽东指出："科学研究对象的区分，就是根据科学对象所具有的特殊的矛盾性。因此，对于某一现象的领域所特有的某一矛盾的研究，就够成为某一科学的对象。"[①]毛泽东在《矛盾论》中提出的这种划分科学对象的方法是非常正确的，理应成为我们划分科学研究对象的标准。

纵观我国流行的国内外货币银行学教科书，虽缺乏应有的导论部分，没有深入研究货币银行学的研究对象，但其大体一致的内容则为我们提炼、归纳货币银行学的研究对象提供了素材和依据。

货币银行学的大体一致的内容包括货币、信用、金融机构体系、金融市场、货币供求、通货膨胀、通货紧缩、货币政策、金融发展和国际金融相关基础知识。据此，我们认为，货币银行学是研究货币、信用、金融机构、金融市场的历史发展和金融运行规律的一门学科。易言之，货币银行学的研究对象就是货币、信用、金融机构、金融市场的历史发展和金融运行规律。

毫无疑问，一门学科的研究对象只能有一个，其研究内容却可以丰富多彩。同时，我们强调，作为概论性质的货币银行学是金融学专业的基础理论课，具有较强的理论色彩。显然，它不可能包打天下，研究所有的现实金融问题，而只是提供分析金融问题的工具和方法。

三、货币银行学的学科体系

要弄清货币银行学的学科体系，必须首先了解两个方面的问题：(1)货币银行学与其他金融学科的关系即货币银行学在金融科学体系中的地位；(2)货币银行学的内部联系——自身构造体系。

(一)货币银行学在金融学科体系中的地位

如果说理论经济学是整个经济学科的门户的话，那么，货币银行学

---

① 毛泽东选集：第1卷[M].北京：人民出版社，1952：297.

就是整个金融学科的门户。要学好金融专业课,必须首先学好货币银行学;要学好货币银行学,必须首先学好理论经济学。如果不掌握理论经济学的基本理论,就很难真正学好货币银行学,并进而学好金融专业课,如银行信贷管理学、金融市场学、商业银行经营学、中央银行学、国际金融学等。

货币银行学在金融学科体系中的地位可以用八个字来概括,这就是"承前启后,继往开来"①。这里的"前"和"往",指的是"理论经济学";"后"和"来"指的是金融专业课。可见,货币银行学处在中介的位置上,是联系理论经济学和金融专业课的纽带和桥梁。

货币银行学在金融学科体系中的重要地位,如图3所示。

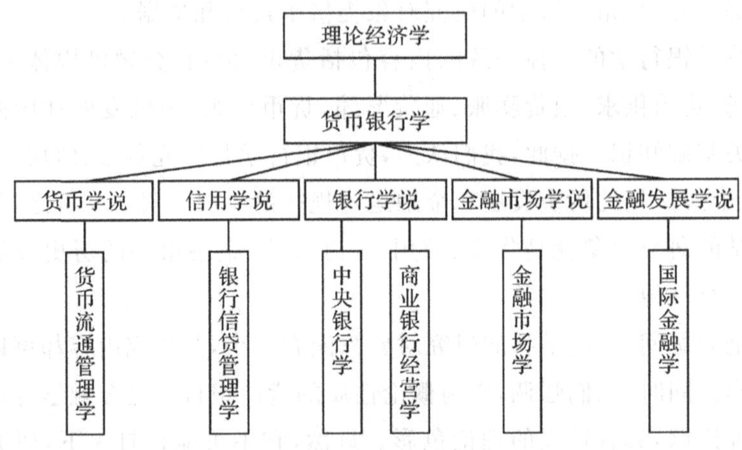

图3 货币银行学在金融学科体系中的地位

事实上,货币银行学所处的承前启后、继往开来的地位从侧面表明了学习货币银行学的重要意义。

(二)货币银行学的自身构成体系

就目前国内流行的货币银行学而言,其内容大致分为货币理论、信用理论、银行理论、金融市场理论、金融发展理论和国际金融基础知识六大块。换言之,货币银行学的自身构造体系亦由上述六大块构成。

① 崔建军.简明货币银行学[M].西安:陕西人民出版社,1990:3.

就发展趋势看，货币银行学的研究内容越来越多，货币银行学教科书也越来越厚。不少货币银行学教科书加进了金融风险防范、金融监管、金融全球化等内容。基此，货币银行学的研究内容和边界似乎大有不断膨胀之势。但存在的问题是，其内部结构依然是"板块构造"。就货币银行学的学科建设而言，其重点绝不在于盲目加进现实金融问题，而在于对货币银行学自身构造体系的"板块构造"进行革命性的创新和改造。

四、货币银行学的特点和方法

（一）货币银行学的特点

货币银行学作为整个金融学的基础，与别的金融课程有着显著的区别。这种区别体现在三个方面：基础课程、覆盖面广、概论性质。

1. 基础课程

货币银行学作为金融学科的基础和门户，其基础学科的特点前已说明，这里不再赘述。

2. 覆盖面广

这主要体现在货币银行学的研究领域大体分为货币、信用、金融机构、金融市场、金融创新、金融发展、金融监管、国际金融基础知识等方面。作为基础学科的货币银行学要为后继的金融专业课如中央银行学、金融市场学、商业银行经营学、国际金融学等提供分析前提。这是由货币银行学在金融学科体系中处于"承前启后"的地位所决定的。

3. 概论性质

货币银行学的概论性质是中外金融学界所公认的。比如，中国香港大学经济系饶余庆教授在其撰著的著名的《现代货币银行学》一书的前言中写道："由于本书属于概论性质，不可能对所有有关问题都作深入和详尽的分析"[①]。美国经济学家钱得勒、哥尔特菲尔特在其合著的《货币银行学》前言中告诉读者："这不是一本关于货币与银行的全面论

① 饶余庆．现代货币银行学[M]．北京：中国社会科学出版社，1983：2．

述。即使篇幅几倍于此,也不能说可以完整无遗地论述在货币和银行领域中积累下来的在理论、法律、制度、经验以及历史方面浩瀚的资料。而且,我们也不认为迫使初学者费力去弄通这门渊博而复杂题目的百科全书式的论述是适当的。”①

饶余庆、钱得勒、哥尔特菲尔特的观点完全正确。毫无疑问,作为概论性质的货币银行学应该只讲“原理”不讲“对策”。

(二)货币银行学的方法

方法,在某种意义上讲,是一门科学的灵魂。但是,科学的方法归根到底产生于科学的对象。也就是说,科学的研究方法存在于科学对象本身。

学习货币银行学,必须掌握货币银行学的方法。货币银行学的研究方法很多,这里仅介绍历史方法与逻辑方法、分析方法与综合方法、规范方法与实证方法等。

1. 历史方法与逻辑方法

任何事物的发展过程,都包含着历史和逻辑两个方面。相应地,对任何事物都可以采取历史和逻辑的方法加以研究。

所谓历史方法,就是遵循历史的顺序,把握历史现象的基本线索,把握它的内在联系,从而揭示历史发展的必然性的研究方法。按照历史方法进行科学研究时,要按照历史方法的特点遵循以下两条原则:(1)有序性原则;(2)完整、具体、详尽的原则。就货币银行学而言,历史方法有多处表现。比如:货币的演进要按照货币出现的历史顺序介绍实物货币、金属货币、信用货币等;介绍国际货币体系也要按照历史的顺序介绍金本位下的国际货币体系、金汇兑本位下的国际货币体系、布雷顿森林体系、牙买加体系等。历史方法的一个重要特点在于它要处处跟随事物发展的自然过程。

逻辑方法,就是撇开历史的具体形式,撇开历史发展的曲折历程和偶然因素,从理论形态上来揭示它的必然性和发展规律,并以逻辑的形

① 钱得勒,哥尔特菲尔特.货币银行学:上册[M].北京:中国财政经济出版社,1980:1.

式把事物的历史进程再现出来的研究方法。

逻辑方法与历史方法不同，它不需要时刻追随历史发展的进程，往往忽视历史进程中的偶发因素，在某种情况下，甚至可以离开历史发展的具体时间顺序，从事物发展的较高形态上考察事物运动的本质和规律。逻辑方法在货币银行学中有广泛的应用。一个最为大家熟知的例子是马克思在研究货币的起源和本质问题中对它的应用。货币的产生是一个历史的过程，马克思在分析中坚持了历史的顺序，从简单价值形式分析起，最后分析到货币形式。他没有处处跟随历史，而是运用理论抽象，分析商品交换中的矛盾发展状况，最后很自然地令人心服地揭示出了货币产生的必然性和其本质。

逻辑是抽象的历史，历史是生动的逻辑。历史方法和逻辑方法是统一的，科学研究过程中二者往往互相依存、互相渗透、互相补充。

2. 分析方法和综合方法

分析方法就是或把整体分解为部分，或把复杂的事物分解为简单要素，或把历史的过程分解为片段，或把动态凝固为静态来研究的一种思维方法。综合方法就是把研究对象的各个部分、各个方面和各个因素联系起来动态地加以考察，从整体上把握事物的本质和规律的一种思维方法。

分析方法就是要对研究对象层层剥离，直到完成对研究对象的本质的把握；综合方法，就是要在分析方法完成对事物本质的认识基础上把握事物的整体状况。在货币银行学的研究过程中，分析方法和综合方法大量使用着。比如研究货币需求模型，要用分析方法具体分析影响货币需求的诸因素，也就是货币需求的解释变量；研究了影响货币需求的诸解释变量后，则要用综合方法从宏观上把握货币需求量。

没有分析的综合是苍白的；没有综合的分析是零碎的。科学研究过程中，仅有分析或仅有综合都是不够的。分析方法和综合方法只有完美结合，才能逼近真理，进而认识和掌握真理。

3. 规范方法和实证方法

规范方法是以一定的价值判断作为出发点，提出行为的标准，并探讨如何才能符合这些标准的理论和政策。它所力求说明的是经济活动

“应该是什么”(what ought to be)的问题,或者说,它回答这样的问题:为什么要做出此选择,而不做出彼选择?规范分析的命题涉及一种行为、一种方案、一种政策或一种选择对人们福利的影响评价问题,涉及是非善恶问题。

实证方法是通过对经济现实的客观描述,分析回答“是什么”或“怎么样”的问题,其“目的在于了解经济是如何运行的……”[①]它的特征是在作出与经济行为有关的拟定前提下,通过求证来检验假设,亦即对经济运行判断、分析和预测人们经济行为的经济后果。

在货币银行学的研究过程中,规范方法和实证方法都有应用,但实证方法的应用更多。比如,研究通货膨胀的社会经济影响需要使用规范方法;研究通货膨胀与产出的关系则需使用实证方法,而货币政策有效性问题从本质上讲就是个实证问题。

当然,马克思主义唯物辩证法是一切工作的指针,货币银行学的研究亦不例外。

五、货币银行学的前途

就世界潮流看,美国经济学家霍斯华茨 1914 年出版的《货币与银行》代表传统货币银行学的兴起;1952 年哈里·马柯维茨的证券组合理论的提出,被视为现代金融学的开端;1997 年兹维·博迪和罗伯特·莫顿出版的《金融学》则将金融学导入微观金融领域。

在中国,货币银行学的危机肇始于美国学者博迪的惊人观点,强化于戴相龙关于中国商业银行前途的评论。

东南亚金融危机之后的 1999 年 2 月,兹维·博迪教授在大洋彼岸接受采访,发表了“必须抛弃银行”的惊人观点。博迪认为,传统的商业银行体系“是一个灾难性的体系,我认为银行在 20 世纪 90 年代以后不再是合适的组织机构,而政府试图做的便是维护一种根本不稳定的制度”。博迪进一步解释:“在美国,有一种迅速蔓延的现象,即传统的银

---

① 雷诺兹.宏观经济学[M].北京:商务印书馆,1983:31.

行在以不同的方式萎缩"，"银行及银行系统在逐步消失"[①]。

2000年7月，当时的中国人民银行行长戴相龙在中国金融学会第六次代表大会上发表了类似于博迪的观点。戴相龙说："我非常担心，再过20年、30年，我们那么多银行大楼、银行柜台做什么用，银行职工干什么去"，"现在，国有商业银行分支机构基本是按行政体系层层设置，已不适应现代市场经济体制的需要，应当大幅度精简和调整"[②]。

博迪的惊世观点和戴相龙关于中国商业银行前途的讲话，在中国金融界掀起轩然大波。中国金融教育界开始纷纷议论货币银行学的危机，金融学教师对自己教了多年的货币银行学正失去信心，不少学者纷纷撰文讨论货币银行学的困惑与革命，货币银行学向何处去的问题。

诚然，在一定意义上说，货币和银行的命运就是货币银行学的命运。如果银行真要走向灭亡，作为研究货币、银行的学问，货币银行学又有什么存在的价值呢？

我们不同意博迪"必须抛弃银行"的观点，也不同意戴相龙对中国商业银行前途的描绘。我们认为，中国的商业银行体系有其存在的价值，货币银行学依然富有生命力。理由是：

(1)中美国情不同。这具体表现在三个方面：

①中美经济发展阶段不同。众所周知，20世纪末美国只占全球人口的5%，却占全球GDP的32.5%；中国的人口有13亿，占世界人口近1/4，经济份额只有美国的1/10。实事求是地讲，当时我国经济发展比美国至少落后50年。以美国当时经济运行背景得出的"必须抛弃银行"的结论怎能作为判断中国商业银行体系存亡的标准？又怎能得出货币银行学必然走向终结的命运呢？

②中美融资结构殊异。美国的金融系统是市场主导型的，中国的金融系统是银行主导型的。在美国，直接融资占75%，间接融资占25%；中国直接融资占26%，间接融资占74%。中美融资结构的巨大反差决定了在中国货币银行学的研究对象仍然是客观存在。有研究对

① 廖理，汪韧，陈璐．探求智慧之旅：哈佛、麻省理工著名经济学家访谈录[M]．北京：北京大学出版社，2000：92－93．

② 戴相龙．加强金融理论研究，促进中国金融发展[J]．金融研究，2000(10)：1－9．

象在，学科自然有存在的价值。

③中美经济体制不同。美国是世界上最发达的国家，市场经济体制已臻成熟、完善；中国是世界上最大的发展中国家，正处于计划经济走向市场经济的转型期。中国社会主义市场经济体制虽已初步建立，但距成熟的市场经济模式尚有很大的差距。

中美经济发展阶段、融资结构、经济体制的巨大差异，决定了美国标准不能成为中国标准。当然，由于世界经济和文化的多样性和复杂性，美国标准也不可能成为世界通用标准。技术可以引进，但制度、体制却不能全盘引进也难以全盘引进。不切实际、不顾国情地盲目引进不适用的东西（无论是理论、技术、制度、体制等）都难逃“橘生淮北”的失败的命运。我国特殊的国情、特有的金融发展道路决定了我国金融机构体系存在的必然性和客观性。由此，我国的金融改革和发展及金融学科建设不得不“路径依赖”。

西方市场经济体制的成熟、完善，决定其不存在体制转型等宏观金融问题，由此，西方金融学者不得不研究微观金融问题。他们只能在数量上下功夫，提出精致迷人的数学模型。这是西方学者的幸运，同时也可能是不幸之所在。

中国正处于经济转型期，各种重大的现实金融问题层出不穷，这为中国学者提供了丰厚的研究土壤，也为中国学者展示个人才华提供了舞台。这抑或是中国学者欣逢盛世之幸运所在。由此，中国的金融学者没有理由妄自菲薄。

(2)博迪的商业银行概念有特定的内涵；美国学者也并不完全同意博迪的观点。其实，博迪教授“必须抛弃银行”的观点是针对传统的商业银行——一种从家庭取得存款，并向商业机构借出有风险的贷款的机构——讲的。基此，必须准确理解博迪教授关于商业银行的定义，明确其讨论问题的边界和前提。的确，传统的商业银行收益和风险不对称，风险难以自行化解。在这种意义上讲，博迪教授的观点是有道理的。但现代商业银行已不是仅经营存贷款业务的传统意义上的商业银行了。欧洲商业银行以“全能”著称于世，美国商业银行也放弃了格拉斯-斯蒂尔法开始走向混业经营。更何况，即使在美国，也不是所有的学者都同意博迪的观点。比如，同是著名学者的麻省理工学院金融学教授、美国科学院院士斯蒂芬·罗斯(Stephen Ross)就不同意博迪的观点。罗斯认为，“商业银行有它的独特功能”，“认为商业银行会自动消失未免有些过头”①。由此，我们学习美国，就必须认真倾听来自大洋彼岸的各种不同的学术声音，继而不必因为一句自己不十分清楚的“必须抛弃银行”的论断而对商业银行抱悲观的态度和得出商业银行是夕阳产业的结论。

(3)只要市场经济存在，货币和银行必然存在；只要货币和银行存在，作为研究货币银行的学问的货币银行学自有其存在的价值。

如果从1640年英国资产阶级革命算起，西方市场经济已存在了380年；从1776年亚当·斯密(Adam Smith)发表《国民财富的性质和原因的研究》(*An Inquiry into the Nature and Causes of the Wealth of Nations*)算起，西方市场经济的存在也已经244年。新中国才70多年的历史，前30年实行高度集中的计划经济制度，后40多年才开始实行改革开放。就市场经济而言，中国尚处于起步阶段。

有市场经济存在，就必然有为之服务的货币和金融机构存在；有货币、金融机构存在，研究货币和金融机构等金融问题的学问就不会过时，也不会退出历史舞台。

我国已故著名经济学家卓炯曾倡导商品万岁论。如商品万岁，货币必然万岁；货币万岁，银行必然万岁。由此，作为研究货币和银行的学问的货币银行学必然具有经久不息的生命力。

诚然，中国共产党人的最高奋斗目标是实现共产主义。但共产主义具有丰富的内涵，它是一种理想、一种信念、一种运动、一种社会制度。人类距没有商品、货币存在的共产主义社会尚有遥远的距离。同时，即使人类已经实现了共产主义理想，在共产主义社会制度下，或许还需要借助货币来组织经济生活。

当然，我们认为货币银行学依然具有生命力，并不意味着当前流行

① 廖理，汪韧，陈璐. 探求智慧之旅：哈佛、麻省理工著名经济学家访谈录[M]. 北京：北京大学出版社，2000：167.

的货币银行学已经尽善尽美。事实上，当前流行的货币银行学在体系结构方面存在着致命的内在逻辑结构上的不一致问题[①]。对此，仍需要下大功夫改进和完善。

① 崔建军.货币银行学向何处去[J].经济学家，2001(6)：67－71.

略论金融学科及其建设

金融学科及其建设是个很大的题目。笔者学力不逮，仅就其中几个最基本的问题，谈谈自己的粗浅意见。

（一）

金融是市场经济发展的产物。没有市场经济就没有金融存在和发展的基础，也就没有作为研究金融活动及其规律的金融学科存在和发展的前提。

若从英国资产阶级革命算起，人类市场经济的发展已有 300 多年的历史。新中国的经济建设已历半个多世纪，中国改革开放走过了 40 年的历程。与中国向市场经济转轨相适应，中国的金融学科体系已初步形成（见图 4）。据目前高等财经院校金融系的学科设置，金融学科的概貌大致如下：

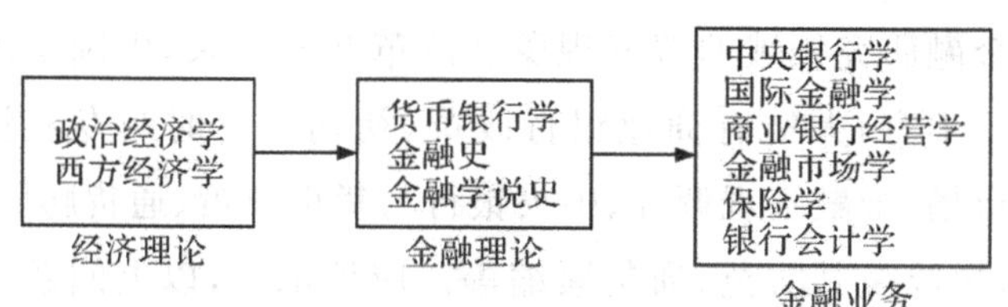

图 4　我国金融学科体系

从广义而言，金融学科体系可分为三大块：(1)经济理论；(2)金融理论；(3)金融业务。我个人以为前两者是“学”，最后者是“术”。“学”是“术”的基础。

如果说马克思主义政治经济学、西方经济学是经济科学的门户，那么货币银行学就是整个金融学科的门户或者说是金融学科的导论部分。不深入研究货币银行学基础理论，就很难在金融业务学科方面有所造就。当然，经济学理论毫无疑问又是货币银行学的理论基础。在某种意义上讲，经济学理论学养的丰厚程度制约着金融理论工作者理论研究的高度。

金融史和金融学说史是重要的金融理论学科。读史而知兴替。通过对金融史和金融学说史的研习，我们才可能通晓金融和金融学“从哪里来，到哪里去”。

金融业务学科研究特定金融领域中的金融活动及其规律，它们与货币银行学、金融史和金融学说史一起构成了完整的金融学科体系。

（二）

新中国成立 70 年特别是改革开放 40 年来，中国经济建设取得了举世公认的成就。与此同时，中国经济学空前繁荣，以至形成了一种流行的说法：贫困的哲学、萧条的史学、繁荣的经济学。也有人将经济学喻为社会科学“皇冠上的明珠”。作为经济学的重要组成部分的金融学，由于金融在国民经济中地位的擢升，其地位也日益重要。毫无疑问，金融理论研究的勃兴、金融学科建设对金融事业的发展、金融改革的深化发挥了巨大的推动作用。但我们也得看到，金融理论研究和金融学科建设中也存在着需要进一步深入探讨的问题。主要是：

1. 理论研究较少，对策研究偏多

这是金融研究领域的普遍现象。改革开放以来，中国金融研究热点问题层出不穷，大概有商业银行改革（初期讨论时叫专业银行企业化）、金融市场、金融宏观调控、中央银行与货币政策、通货膨胀、利率市场化、金融风险及其防范、通货紧缩等。应该承认，以上问题的研究均为深化金融改革和金融发展所必须，也是金融理论界对金融事业发展的贡献。但也应该如实地承认，绝大部分属对策研究。

与理论研究较少、对策研究偏多相适应，图书市场上，到处可见的是实务性、操作性的小册子。当然，理论性的论著不是没有，甚至公开出版发行的博士论文也不在少数，但大多数论文仍属对现实金融问题的研究，理论上或许有创新，但大多尚未上升到学理的高度。

河北大学经济系主任杨欢进教授曾主张将经济学区分为理论经济学、政策经济学、对策经济学。对此我十分赞成。著名经济学家薛暮桥先生在杨欢进的《经济学向何处去》一书的序言中指出：“我认为就经济学的长远发展而言，我们的最高目标是写一本像《资本论》那样的进行高度抽象，揭示资本主义社会最根本的经济运行规律的揭示社会主义经济运行规律的社会主义经济学，但是目前还不具备条件。”[①]他进一步指出：“过去苏联和我国的经济学著作，都还是政策经济学，够不上称理论经济学。”这些话是薛老近30年前(1991年)针对经济学讲的。时至今天，对中国经济学(包括金融学)现状而言，薛老当年的评价也许并不过时。

2. 金融学科建设相对落后，“术”有余而“学”不足

以货币银行学而论，至少存在两个问题：一是国内流通版本很多，大概不下百余种，但绝大部分属集体编写，因而缺乏个性(香港大学饶余庆教授的《现代货币银行学》是个特殊的例外，但我国金融学界对之缺乏应有的重视)，这和国外教科书崇尚个性、大多属个人论著形成鲜明的对照。人所共知，风行西方世界的三大经济学教科书(穆勒的《政治经济学原理》、马歇尔的《经济学原理》、萨缪尔森的《经济学》)都是个人著作。二是货币银行学的学科体系尚无根本性的改进。20世纪80年代初是“两条线”(资本主义、社会主义)、“三大块”(货币、信用、银行)。目前，“两条线”的束缚已不复存在，但“三大块”的格局依旧。唯一的变化是加进了金融市场、金融发展及国际金融若干基础知识，可以说是“六大块”了，并且新加入的版块有不断膨胀的趋势，以致作为金融理论基础的货币银行学越来越多地倾向于务实。事实上，作为金融学科门户的货币银行学所能提供给人们的只是“分析工具”而不可能是所有金融问题的“现成答案”。简言之，货币银行学只能是“工具箱”而不是“问题框”。

金融史和金融学说史是金融学科体系中最薄弱的环节。具体表现在两个方面：一是金融史和金融学说史论著较少；二是高等财经院校大多不重视金融史和金融学说史的教学。据不完全统计，目前国内出版发行的金融史著作大概有彭信威先生著《中国货币史》、洪葭管先生主编《中外金融史》和金德尔伯格著《西欧金融史》；金融学说史著作有刘絜敖先生著《国外货币金融学说》、陈岱孙和厉以宁先生主编《国外金融学说史》、曾康霖先生著《资产阶级古典货币学派》、周延军先生编著《西

---

① 杨欢进.经济学向何处去[M].北京：中国物价出版社，1991：1.

方金融理论》、邓映翎先生编著《西方储蓄理论》、姚遂先生著《中国金融思想史》等。诚然，这当中不乏权威性著作和作者。如彭信威先生所著《中国货币史》即是同类著作中的峰巅之作；刘絜敖先生著《国外货币金融学说》因其权威性及出版较早，因而在同类著作中引用率较高。其他著作也大多系著名学者撰著。如陈岱孙先生是举世公认的经济学泰斗；厉以宁、曾康霖先生等在经济学界颇负盛名。尽管如此，总体情况是金融史和金融学说史著作数量较少。此外，在今天的中国高校金融系，金融史和金融学说史课程远未普遍开设。

金融业务学科有膨胀之势。目前，高等财经院校课程设置中，业务类课程偏多。有些业务类课程内容交叉、重复，以致教师难教、学生厌学；有些课程则没有独立的研究对象，因而似没有独立存在的理由。

（三）

如果我们上面对金融学科现状和存在问题的分析能够成立，那么，走向21世纪的中国金融学就必须重点加强“学”的建设。我个人以为可从三方面入手：

1.引进和吸收国外金融理论

这是提高我国金融理论水平的一条捷径。众所周知，经济学（包括金融学）对中国来说是一门外来的科学（中国有源远流长的经济管理思想，但与西方经济学不同，后者产生于发达的市场经济土壤之中），中国要建立社会主义市场经济体制，产生于市场经济土壤之中的西方经济学必然有值得借鉴的地方。我们完全应该而且可以利用人类文明的一切有用的成果。

当今之世，经济全球化已成为不可抗拒之潮流。中国经济学（包括金融学）要与国际接轨、交流，就必须熟悉西方经济学和金融学的标准语言。只有这样中国经济学才能融入主流。近年来，中国金融界翻译出版了一些西方金融论著，发挥了一定的交流促进作用。

20世纪80年代以来，就金融学理论模式从美国在一定意义上也可以讲从全球看形成了两大流派：一大流派是所谓“经济学院模式”的金融学理论，它从宏观经济学视角研究货币、信用、银行、金融市场在经济运行中的地位、功能以及金融在现代市场经济中的核心作用。这一流派的代表著作是美国经济学家米什金(Frederic S. Mishkin)的《货币金融学》(*The Economics of Money, Banking and Financial Market*)。另一大流派是所谓"商学院模式"的金融学理论,它以资本市场为研究对象,研究内容为金融与金融体系、时间和资源分配、价值评估模型、风险管理与投资组合、资产定价、公司理财等,其代表作是博迪(Zvi Bodie)和莫顿(Robert C. Merton)的《金融学》(*Finance*)。国际上流行的金融学模式实质上走的是宏观金融学与微观金融学的路子。对此,我们必须深入研究,并根据中国国情择善而从。事实上,与国外金融学发展潮流相呼应,我国金融界关于金融学科建设也出现了明确的分野,具体地说也分为两大派别:一派以中国人民大学为中心,倡导研究宏观金融问题;另一派以清华大学为中心,力主研究微观金融与金融工程。应该说这是很好的事情。学术研究、学科建设应该也必须百家争鸣。只有这样,才有利于学术的发展和进步。

2. 立足本土,深入研究中国金融改革和发展中的重大现实问题

当前,中国正进行前无古人的市场经济改革,金融已成为现代经济的核心。这为研究金融问题提供了空前的机遇。当然,对现实金融问题的研究,重要的是要上升到学理的高度。凯恩斯的《通论》本也是对策研究,它是医治20世纪30年代经济萧条的一剂良药。由于其对策研究上升到了学理的高度,因而走进了教科书,成为宏观经济学的重要内容。走进了教科书,也就走进了纪念碑。

3. 重视和加强金融史和金融学说史的教学和研究

整个金融学科就其内容而言,至少包括理论、历史、业务三个版块。缺乏历史版块的金融学,必然难逃肤浅的命运。

自由资本主义时代,产生了亚当·斯密的《国富论》;垄断资本主义时代,产生了凯恩斯的《通论》。新中国50年前无古人的社会主义经济实践,应该产生老一辈经济学家薛暮桥先生所期望的中国社会主义经济学的巨著。改革开放以来,中国金融界对诸多金融问题进行了广泛深入的探讨。作为金融学子,我们同样期望着权威的中国社会主义金融学的横空出世。

文献综述的地位、写作原则与写作方法

文献综述是文献综合评述的简称，指在全面搜集有关文献资料的基础上，经过归纳整理、分析鉴别，对一定时期内某一学科或专题的研究成果和进展进行系统、全面的叙述和评论。撰写学位论文是培养研究生批判性思维及创新能力的有机环节；文献综述的写作则是研究生学位论文写作的开端，在学位论文写作中举足轻重。一般而言，文献综述是研究生学位论文写作中必不可少的重要组成部分。文献综述水平的高低制约着学位论文写作的水平。极端些说，没有高质量的文献综述就不可能有高质量的研究生学位论文。

一、文献综述在论文写作中的重要地位

文献综述在论文写作中的重要地位由三个方面的因素决定。兹分述之。

1. 文献综述的写作是由学术研究的继承性决定的

文献综述的写作是由学术研究的继承性决定的，因为继承是创新的基础和前提。文献综述部分要澄清所研究问题"从哪里来，到哪里去"。这部分主要是继承，是梳理前人的成果并找出其内在的逻辑关系和演进规律。文献综述是复述前人的成果，是尊重前人，实质上也是显示作者自己的读书量。一篇学位论文没有相应的文献综述部分一般质量较低，也难逃肤浅的命运。熊彼特认为"任何特定时间的任何科学状况都隐含它过去的历史背景，如果不把这个隐含的历史明摆出来，就不能圆满地表述这种科学的状况"[①]是强调不知道历史，就很难理解现实。朱熹讲"旧学商量加邃密，新知培养转深沉"，是说明只有"商量旧学"才能"培养新知"。《大学》中讲"物有本末，事有终始，知所先后，则

① 熊彼特. 经济分析史：第一卷[M]. 朱泱，孙敬敏，李宏，等译. 北京：商务印书馆，1991：18.

近道矣”是说只有厘清事物的演进过程，才能进一步寻求事物发展的规律。

2. 文献综述的写作是由学术研究的开放性决定的

道理很简单。主要是：学术研究是天下公器，需要一代又一代的学人前赴后继的开拓和努力才能薪火相济。“客观现实世界的变化运动永远没有完结，人们在实践中对于真理的认识也就永远没有完结。马克思列宁主义并没有结束真理，而是在实践中不断地开辟认识真理的道路。”①“任何一篇论文或研究过程都是该领域知识探索过程中的一个环节，不可能是终结，也不可能覆盖全领域。”②正是学术研究是天下公器，人们在实践中对于真理的认识永远没有完结和任何一篇论文或研究过程都是该领域知识探索过程中的一个环节，不可能是终结，决定了真正有价值的研究生学位论文的开放性和文献综述写作的必要性。

3. 文献综述的写作目的是为了导出研究问题

撰写文献综述的目的是为了导出研究问题并为自己的后继研究构建创新的平台。空前绝后的题目或许有，但少之又少。一般而言，即使空前绝后的题目也要从相关领域的研究成果中吸取灵感。著名古典文学专家郭预衡先生曾谆谆告诫青年学子：“怎么写好一篇学术论文呢？根据我的经验，在选择了题目之后，恐怕还要有这么一个过程：①要做点调查研究。看一看前代、当代都有什么人写过这个题目。看看目录，查查卡片。这就要有目录学的知识。比方论韩愈、论欧阳修、论方苞，不论哪一个，都要了解学术界已有了什么成果。②在定题之后，看看前人、同时代的人已写了哪些文章，有哪些论点，哪些看法，达到了什么水平；有哪些问题解决了，哪些问题还没有解决，看看自己是否还有话可说。如果感到别人的文章都已经讲得差不多了，自己确实无话可说，我想这个题目也就不必再写了。如果发现过去写的文章著作在某些方面讲得还不够，某些地方讲错了，这就是我们自己可以做文章的地方；或

① 毛泽东选集：第一卷[M]. 北京：人民出版社，1991：296.

② 李怀祖. 管理研究方法论[M]. 西安：西安交通大学出版社，2000：263.

者这个题目前人根本没有涉及过，现在很需要做，那当然更没有问题了。”[①]应该说，上述朴实的文字已经清楚地阐明了文献综述的写作目的是为了导出研究问题。

二、文献综述的写作原则

写作文献综述应遵循以下八条写作原则：

1.“5W”写作原则

“5W”原则就是作者必须实事求是、原汁原味继承前人研究成果的原则，也就是可检索性原则。具体地说即按照什么人（who）、什么时候（when）、在什么地方（where）、为什么（who）、提出了什么学术观点（what）的写作方式撰写文献综述的原则。易言之，文献综述的写作应采用实引方式，对所引述的观点要严格采用被引述作者的原文，不可断章取义、任意发挥。真正的有价值的文献综述应该让读者能够查阅并迅速找到文献的源头，做进一步的考证和研究。

遵循“5W”文献写作原则有利于尊重知识产权，维护学术研究的尊严；有利于学术研究的良性开展；有利于学术积累。现今流行于我国经济学界的许多所谓的文献综述是不规范的，比如“弗里德曼（1968）提出了……”“诺斯（1963）构建了……”等，而在文后也没有相关文献的具体出处。这种转述性的文献综述毫无价值可言。因为读者阅读文献综述后仍然很难把握作者所依据的文献在哪里。严格地说，这样的文献综述既没有继承性，也没有开放性，于学术研究无补。

2. 经典性原则

所谓经典性写作原则是指文献综述的内容应该是所研究领域的经典人物的经典著作，而不是学术“圈外人”的某些片言只语。一般来说，每个研究课题都有其所在领域独有的经典文献。作者必须熟悉自己所研究领域的经典文献。

3. 古今中外原则

古今中外原则就是要尽一切可能最大限度地全面占有理论材料，

---

① 郭预衡．治学三议[M]//陈九平．谈治学．北京：大众文艺出版社，2000：765．

要“搜尽奇峰打草稿”。有一种观点认为，文献综述是对研究现状的述评。对此观点，我个人不敢苟同。本质上讲，“现状”只是“历史”的延续。没有“历史”，何来“现状”？不弄清“历史”，就不知道研究问题“从哪里来”；也难准确判断研究问题“向何处去”；只有同时弄清“历史”和“现状”，才能深切地把握研究对象。没有“历史”，研究是平面的，没有纵深感和立体感；没有“中外”，研究缺乏横向比较，就没有开阔的视野。坚持古今中外原则，方可对所研究对象的理论材料“一网打尽”，为选题研究打下坚实的理论基础。硕士特别是博士论文不同于 MBA 论文。MBA 论文的写作特点是应用所学理论解决实际问题，最后推导出一般性结论。MBA 论文甚至可以不要求撰写文献综述。硕士特别是博士论文则不然。它要考察作者是否具有本学科领域扎实的理论基础。没有文献综述的硕士、博士论文算不上硕士、博士论文，因此硕士特别是博士论文的文献综述应尽可能详尽，最好能够有能力系统梳理所研究问题的学术史。

4.“文献树”原则

“文献树”原则也就是“学术谱系”原则①。作者在撰写文献综述时必须系统梳理研究问题的起源、发展和现状，具体地说就是必须采用历史方法按照“由远到近”“由大到小”和“由宽到窄”的“文献树”原则进行。只有这样，方可厘清研究问题的来龙去脉，清晰揭示研究问题的学术演进，为自己的后继研究建立进一步创新的平台。

5.“顶天立地”原则

“顶天立地”原则的“顶天”要求作者从理论继承上逼近国内外学术前沿；“立地”则要求作者解决中国现实问题。进一步讲，所谓“天”就是研究问题所要求的最先进的中外研究成果；所谓“地”就是中国社会主义建设中急需解决的金融问题。“顶天立地”就是要求有的放矢，要求作者以马克思主义理论、西方一切有价值的理论之“矢”射中国社会主义经济建设和金融改革与发展之“的”。

---

① 熊易寒.文献综述与学术谱系[J].读书，2007(4)：82－84.

6. 述评结合原则

文献综述写作必须述评结合。只有“述”没有“评”，文献是一盘散沙，也失去了撰写文献综述的目的性；只有“评”没有“述”，研究问题则持之无据，游学无根，难有说服力。需要强调的是，“述”要尽可能对研究文献“一网打尽”，所谓“搜尽奇峰”是也。在详尽占有已有研究文献前提下，则要敢于归纳，解析出已有研究文献的“贡献”与“不足”。通过进一步解析“不足”，从“不足”中导出自己的研究课题：研究某一个“不足”甚至研究某一个“不足”的某一个方面。这样，研究问题的逻辑起点和理论起点就清楚了。文献综述中“述”与“评”的关系，见表 2。

表 2　文献综述中“述”与“评”及其关系

	地位	撰写内容	撰写目标	撰写方法
“述”	“承前” “继往”	研究问题“从哪里来”	澄清所研究问题的理论前沿	历史方法
“评”	“启后” “开来”	研究问题“向何处去”	导出自己的研究问题	逻辑方法

7. 单数原则

一篇学位论文只需要一篇与之相匹配的文献综述，这就是文献综述写作中的单数原则。学位论文写作中不需要也不能有两个甚至两个以上平行的文献综述。理由很简单，一篇学位论文只需要集中研究和解决一个学术问题甚或某一个学术问题的某一个侧面。通俗些说，就是栽一棵“树”只需要一个与所栽之树相匹配的“树坑”；栽一棵“树”挖两个“树坑”，不但多余，而且无用。

8. 服从主题原则

“综述须围绕论文研究创新点来进行。学习前人的成果，为自己的论文服务”①。文献综述是对自己所研究问题的已有成果的回顾和梳理，由此，所综述文献必须与自己研究的问题相匹配而不能脱离自己所

① 李怀祖. 管理研究方法论[M]. 西安：西安交通大学出版社，2000：258.

研究问题这一主题，否则，就会破坏研究论文内在逻辑上的一致性，造成不必要的混乱。更进一步讲，文献综述要为自己研究的问题服务，是“六经注我”而非“我注六经”。基此，作者在撰写文献综述时，心中一定要常怀自己所撰写论文的主题和假设，围绕主题和假设来选择文献。

这里，仅将文献综述写作原则予以简单总结，见表3。

表3　文献综述写作原则的性质和作用

写作原则	性质和作用
“5W”写作原则	决定于研究论文的科学性和继承性；保证研究论文的开放性
经典性原则	决定研究论文继承的高度；为研究论文的真正创新奠定基础
古今中外原则	决定研究论文的理论基础；保证继承的深度和高度
“文献树”原则	决定研究文献内在演进的轨迹；保证文献综述内在逻辑上的一致性
“顶天立地”原则	决定研究论文继承是否介入学术前沿；为理论创新和解决现实问题奠定必要的基础
单数原则	决定研究问题的单纯性；保证研究论文内在逻辑上的一致性
服从主题原则	决定研究问题的前后一贯性；保证研究论文内在逻辑上的一致性
述评结合原则	“述”的最高境界是“顶天”，厘清中外学术前沿；“评”的最终目的是“立地”，推导出自己所要进一步研究的问题。述评结合原则的本质是“承前启后”、“推陈出新”，精确导出研究问题

三、文献综述的写作方法：“倒三角形法”

文献综述的写作方法自然很多。不同的研究者有不同的写作方法，不同的学者甚至有自己不同的写作风格。我个人则认为，文献综述的最佳写作方法甚至唯一正确的写作方法或许就是“倒三角形法”[①]。

具体地说，所谓文献综述的“倒三角形法”就是撰写文献综述要由宽到窄(空间上)、由远到近(时间上)，最后聚焦到一个“点”上，找到自

① 崔建军．金融研究方法论[M]．北京：高等教育出版社，2013：97－98.

己研究问题的逻辑起点，也就是自己所要研究问题的出发点。

至于空间幅度和时间长度的具体界限，应由作者根据研究工作的实际需要而定。一般应该以紧密围绕主题、有利于阐明主题为原则。对于博士论文而言，文献综述的空间幅度要尽可能宽些，时间长度要尽可能长些，规模应尽可能大些，最好能够有能力系统梳理所研究问题的学术史。

撰写文献综述的"倒三角形法"如图 5 所示。

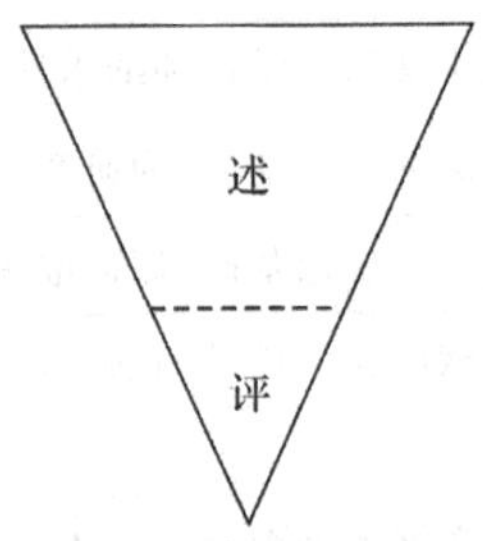

图 5 文献综述的写作方法："倒三角形"

文献综述的"倒三角形法"的科学之处在于能帮助作者逐步逼近自己所要研究的问题，为进一步研究找到理论起点和逻辑起点。由此，"倒三角形"撰写方法也可以称为"逐步逼近法"。简而言之，是从"研究领域"到"主要问题"到"热点研究方向"再到"尚未解决的问题"，逐步抽象、提炼出自己所要进一步深化研究的某一个尚未解决的问题或某一个尚未解决的问题的某一个方面。

文献综述绝不可写成"平行线"（A 说、B 说、C 说……）、"平行四边形"（没有着力点，无法导出问题），更不可写成"正三角形"（从一点出发，信马由缰，越写越多，不可收场）。

撰写文献综述，其实质是梳理所研究课题的学术史。对此，著名历史学家李剑鸣教授有过清晰的说明："在选取研究方向和确立课题方案的过程中，就本课题做一番学术史的梳理，就成了一项不可缺少的工作。"[①]李剑鸣教授的观点完全正确，值得重视。

① 李剑鸣. 历史学家的修养与技艺[M]. 上海：上海三联书店，2007：206.

四、文献综述写作中应注意的问题

研究生学位论文写作中存在许多问题，就文献综述的写作而言，主要是：

1. 简单罗列文献

目前，全然没有文献综述的研究生学位论文已经比较少见了。但不少研究生学位论文虽有文献综述，写作上却存在简单罗列的毛病。比如，有的文献综述中仅列示出A说、B说、C说、D说等，而后就无下文了。从这样的文献综述中，读者看不出作者所依据文献演进的内在逻辑，作者也没有能够依据文献综述清晰地推导出自己所要研究的问题。简单地说，这种文献综述写作严重违反文献综述的“文献树”写作原则和述评结合原则。

2. 文献综述缺乏权威性

有些研究生学位论文虽有文献综述，但只是简单地罗列出一些缺乏权威性和经典性的算不上学术文献的所谓文献。比如研究货币政策问题，若不综述凯恩斯、汉森、托宾、萨缪尔森、弗迪利亚尼、弗里德曼等人的论著，而开出另外一系列人物的论著清单，给人的感觉就是作者根本就不熟悉所研究领域的理论背景，也没有认真研读过真正有价值的货币政策文献，其成果价值自然要大打折扣了。当然，我们列示权威人物的权威论著，并不是不尊重非权威人物。在学术研究中理所当然必须坚持学术标准，也只能坚持学术标准，而不能有学术标准以外的其他因素参与其中。

3. 文献综述和研究问题不匹配

此问题常见于当今比较时髦的“基于A的B研究”或“A时期的B研究”这种题目。本来，“基于A的B研究”和“A时期的B研究”这样的题目，其研究重心是“B”而不是“A”，但作者的文献综述却是“A”。显然，此种文献综述完全离题了。比如，“通货紧缩时期货币政策研究”这一题目，作者的研究中心自然是“货币政策”，“通货紧缩时期”或“通货紧缩”只是“货币政策”发挥作用的背景与环境，而作者的文献综述却是“通货紧缩”。此种文献综述和研究问题当然是不匹配的。文献综述和研究问题不匹配，明显违反文献综述写作的“服从主题”原则。

4. 多个文献综述并存

与文献综述和研究问题不匹配相联系的另一个问题是，有些学位论文多个文献综述并存，其具体表现是：关于 A；关于 B；关于 C……等等。这种文献综述写作直接违反文献综述的“单数”写作原则。多个文献综述并存反映出作者选题的发散化和研究问题的不集中。比如，“货币政策与金融市场”这一研究题目的写作中，作者既有货币政策方面的文献综述，也有金融市场方面的文献综述。这种文献综述写作难免顾此失彼。当然，这是选题问题了，溢出了文献综述的研究范围。

总之，文献综述在研究生学位论文写作中具有极其重要的地位，它属于理论研究范畴，就性质而言，是对前人研究成果之“再研究”“研究之研究”。这种“再研究”“研究之研究”水平的高低，决定着作者的研究成果和研究论文写作的水平，应当引起高度重视。

人文社科博士论文写作需要正确处理五个关系

撰写博士学位论文是培养人文社科博士生创新能力和提高人文社科博士生培养质量不可缺少的有机环节。本文论述人文社科博士论文写作需要正确处理的五个关系，囿于笔者的知识结构，在论述过程中着重以经济学专业为例。

一、学术史梳理与研究现状的关系

研究世界上的任何学问甚至成就任何领域的实际工作，都存在继承与创新的问题。现代学者的治学之路，一般都是从继承开始的。

因此，人文社科的博士研究生对其所学学科的思想史应该有比较深入的了解。就经济学科而言，对古希腊两千多年来的经济思想史应该有所了解；对 1776 年亚当·斯密出版《国民财富的性质和原因的研究》以来 240 多年的经济思想史更应该有比较深入的掌握。当然，经济学长期发展过程中已经积累了相当丰厚的资源，此于继承是沉重的负担，于继承基础之上的“推陈出新”也是非常严峻的挑战。博士生虽然不能完全掌握这些资源，但必须从中吸取必要的营养成分，形成基本的知识储备，方能够开始独立的学术研究。

人文社会科学发展到今天，前人从未涉猎的问题少之又少，无人开垦的处女地已经凤毛麟角。以经济学为例，20 世纪六七十年代欧美经济学家由于缺乏有价值的研究现象而将目光转向发展中国家，开始研究发展中国家经济问题(所谓发展经济学)。当今欧美经济学家由于缺乏有价值的研究现象，也只能在老问题上操弄越来越复杂的数学模型，原因亦在于缺乏全新的有价值的研究对象。

即使是全新的人文社科问题，也往往需要依赖相关的或相近学科的知识才能准确发现和界定。由此，无论选择何种人文社科问题研究，首先必须面对前人留下的研究文献。于是，在选取研究方向和确定选题的过程中，就所选择的题目梳理学术史，就成为不可或缺的工作。

梳理学术史，不仅是研究的起点，更是研究过程能否取得成就的关键之所在。只有明确前人的研究成果以及研究现状，才能避免不必要的重复劳动。同时，只有掌握了前人的研究成果，才能为自己进一步的研究找到逻辑起点，继而搭建后续研究的平台。

改革开放40多年来，我国人文社会科学研究取得了巨大成就，日益走向成熟，学术期刊发表论文一般都要求有文献综述。国家社会科学基金、国家自然科学基金项目申报，甚至在课题论证(研究现状和选题价值)中开始要求有"国内外相关研究的学术史梳理和综述"，应该说，这是巨大的进步，也是人文社会科学研究取得成就的必由之路。

当然，研究一个专题，不能只看与研究专题直接相关的论著，更不能仅仅关注研究现状，而必须回溯历史。研究的范围宜大一些，时间跨度宜长一些，最好从研究问题的源头开始梳理学术史。

梳理学术史的关键，还在于对已有研究文献做出准确、公允的评价。此工作既取决于研究者占有研究文献的数量和质量，更取决于研究者的洞察力。高水平的研究者往往能够"同中求异""异中求同"，迅速抓住所研究问题的关键之所在，并找到现有理论模型的裂痕并挖掘出新的学术增长点。

有些研究生导师强调文献综述要新，认为最新的文献综述才代表最高的研究起点，其实这是不够准确的。只综述最新近的研究文献而不梳理学术史，思维是平面的，缺乏纵深感和立体感。最好的文献综述应该是学术史梳理与最新研究现状并行不悖，相得益彰。

需要强调说明的是，博士研究生应该对前人研究成果持以尊敬的态度，虔诚地面对已有研究成果。不要漠视前人研究成果，更不能草率地得出结论——"某某研究有明显缺陷""某人对某个问题缺乏深入研究"云云，所有这些都是应该力戒的。只有站在巨人的肩膀上，才能看见更远方的学术风景。

二、"博"与"约"的关系

"博"和"约"以及由"博"返"约"和由"约"返"博"是我国史学界经常讨论的问题。此对其他人文社会科学(包括经济学)的学习和研究同样是完全适用的。所谓"博"与"约"完全只是相对而言的。一定范围内的"博"放大视野范围可能只是"约";一定视野范围的"约"若缩小范围又可能变成"博"。比如,经济学对金融学而言是"博",如放大范围,对整个人文社会科学而言却又只能是"约"了。

"博"永远是一个人文社会科学家毕生的追求。博士学习阶段的重要目标恐怕还是"约",能够对某一人文社会科学问题进行竭泽而渔的研究就是非常高的境界了。著名学者郭沫若先生曾意味深长地指出:"为研究而读书,这或许正是狭义的真正的读书。譬如研究一种特殊学问,或者特殊问题,但凡关于那种学问或问题的一切书籍和资料,必须尽可能地全都搜罗把它们读破,这样,你对于那项问题便有了充分的把握,你可以成为该项学问或问题的有权威的专家。"[①]为此,博士研究生最可行的学习态度还是带着问题学习。通过问题的研究,深化理论的学习和研究素质的养成,或许就是一条节约成本的捷径。

就经济思想史而言,从古希腊到当代的贯通研究(2000多年的历史)可谓"博";专门研究某一学派,甚至某一学派的某位经济学家经济思想的专题研究可谓"约"。博士研究生学习时间较短,只有四至六年,因而研究生阶段的学习必须正确处理"博"和"约"的关系。笔者以为,博士阶段的学习,一定得对经济学说史有所了解,知道人类历史上各个阶段经济学的大致研究状况,奠定经济学的比较广博的基础。接下来,依自己的研究兴趣,对自己比较喜爱的经济学流派、经济学著作深入细致地研读,打下自己写作博士学位论文的理论基础,实现由相对的"博"返精深的"约",达到《中华人民共和国学位条例暂行实施办法》中对博士学位授予条件中"博"与"约"的要求。

中国教育体系本质上来说,是一种由"博"返"约"的过程序列:中学

① 郭沫若.郭沫若论创作[M].上海:上海文艺出版社,1983:185.

阶段打基础：数、理、化、史、语、政，涉猎范围比较广泛，但只是基础性的东西；大学阶段开始专业学习，但各所学专业也比较基础，所谓"三基"(基本理论、基本知识、基本技能)是准确的定位；研究生阶段，转为更专业的学习。此时，各专业均设置有不同的专攻方向。当然，博士生的学习和硕士生的学习课程也有所差别。

2011 年 3 月，中华人民共和国国务院学位委员会和教育部颁布修订的《学位授予和人才培养学科目录(2011 年)》，规定我国的学科分为哲学、经济学、法学、教育学、文学、历史学、理学、工学、农学、医学、军事学、管理学、艺术学等 13 个学科门类。就经济学而言，我国的学科设置较细，一级学科有理论经济学和应用经济学。理论经济学有二级学科：政治经济学，经济思想史，经济史，西方经济学，世界经济，人口、资源与环境经济学；应用经济学又有二级学科：国民经济学，区域经济学，财政学(含税收学)，金融学(含保险学)，产业经济学，国际贸易学，劳动经济学，统计学，数量经济学，国防经济学。其实，所谓理论经济学和应用经济学也是相对而言的。大家都不会认为，理论经济学就是"纯理论的"，而应用经济学就是"纯应用的"。事实上，理论经济学不可能只讲理论而不联系实际；应用经济学也不可能只讲"应用"而不涉及"理论"部分。

当然，对于"博"的追求，也有技巧的问题。对此，著名学者金克木先生曾有精彩的论述。他写道：有人记了一则轶事，说历史学家陈寅恪曾对人说过，他幼年时去见历史学家夏曾佑，那位老人对他说："你能读外国书，很好；我只能读中国书，都读完了，没得读了。"他当时很惊讶，以为那位学者老糊涂了。等到自己也老了时，他才觉得那些话有点道理：中国古书不过是那几十种，是读得完的。在讲完轶事后，先生提出了自己的观点：有些书是绝大部分书的基础，离了这些书，其他书就无所依附。因为书籍和文化一样都是累积起来的。因此我想，有些不依附其他而为其他所依附的书，应该是少不了的必读书[①]。

在提出自己的观点之后，先生又进一步举例说明了解西方文化、西

---

① 金克木. 书读完了[M]. 上海：上海文艺出版社，2017：13 - 20.

方哲学、西方文学和中国文化所必须阅读的经典著作。这里简要列表，见表 4。

表 4　必须阅读的经典人物和著作

了解对象	阅读经典人物、著作
西方文化	《圣经》
西方哲学	柏拉图、亚里士多德、笛卡尔、狄德罗、培根、贝克莱、康德、黑格尔
西方文学	荷马、但丁、莎士比亚、歌德、巴尔扎克、托尔斯泰、高尔基、塞万提斯
中国文化	《易》《诗》《书》《春秋左氏传》《礼记》《论语》《孟子》《荀子》《老子》《庄子》

其实，金先生所讲的轶事和观点含义深远，是告诉我们一条继承的途径，通“博”的方法即熟读经典著作；围绕经典著作所演绎出来的书可以绕过去或者不读。应该说，这是先生终生治学的经验之谈，值得高度重视并深思之。

就经济学而言，若要泛览经济思想史，可以阅读埃里克·罗尔的《经济思想史》，若要进一步深入研究经济思想史，可以阅读约瑟夫·熊彼特的《经济分析史》(第一、二、三卷)；就古典学派经济学而言，可以读亚当·斯密、马歇尔的著作；就边际效用学派而言，必须读杰文斯、门格尔和瓦尔拉的著作，还有作为边际效用学派主力的奥地利经济学派的维塞尔、庞巴维克、米塞斯、哈耶克的著作；就凯恩斯学派而言，必须阅读凯恩斯的革命性巨著《就业、利息和货币通论》，还有阿尔文·汉森、保罗·萨缪尔森、詹姆斯·托宾等的著作；就货币学派而言，必须读弗里德曼的著作；就理性预期学派(或新古典宏观经济学)而言，必须读卢卡斯、萨金特的著作；就产权经济学而言，可以阅读科斯的著作；就新制度经济学而言，可以阅读诺斯的著作。同时，20 世纪经济学绕不开的、硕大无朋、无门无派、不倚靠凯恩斯经济学而仍然卓立经济学舞台中央位置的约瑟夫·熊彼特的其他著作以及约翰·希克斯的著作非常值得一读。

上已说明，“博”和“约”的关系是相对而言的。博士研究生由于学制原因，应该切合实际带着问题学习，追求“约”的目标。至于“博”和

"约"的境界，胡适先生有过非常精辟的说明："理想中的学者，既能博大，又能精深。精深的方面，是他的专门学问。博大的方面，是他的旁搜博览。博大要几乎无所不知，精深要几乎唯他独尊，无人能及。"[①]胡适先生关于"博"和"约"的境界，应该成为一切有志于攀登人文社会科学高峰的青年学子终生追求的学术目标。

三、"述"与"作"的关系

"述"讲的是继承，"作"讲的是创新。中国古代有述而不作的传统。所谓述而不作，强调的就是忠实的、不折不扣的继承。这种述而不作的传统表明了中国古代士子对治学的严肃态度和对学问的敬畏之情，在当今学风浮躁的情况下，一定意义上是值得赞赏的。

关于中外学术界述与作的典范人物，中国著名哲学家冯友兰、美国著名经济学家阿尔文·汉森和海曼·P.明斯基是最典型的例子。冯友兰先生对"述"与"作"或继承与创新的关系曾多次有过精彩通俗的说明："照着讲"和"接着讲"[②]。其实，冯友兰先生的"照着讲"就是"述"和"继承"；"接着讲"就是"作"和"创新"。"照着讲"和"接着讲"，寥寥六字就把"述"与"作"或"继承"与"创新"的关系讲尽了，令人拍案叫绝！事实上，先生知行合一，忠实地实践了自己的"照着讲"和"接着讲"。他的《中国哲学史》就是"照着讲"，也就是"继承"；他的新理学体系就是"接着讲"，也就是创新。

阿尔文·汉森的《凯恩斯学说指南》就是继承，他的《货币理论与财政政策》《经济政策与充分就业》就是创新。正因为有扎实的继承，汉森发展了著名的 *IS*-*LM* 曲线（希克斯-汉森曲线），提出了货币政策有效性的非对称性原理和补偿性财政政策等一系列创新性理论模型，为宣传、发展凯恩斯主义做出了巨大的贡献，从而赢得了"美国的凯恩斯"的美誉。

海曼·P.明斯基的《凯恩斯〈通论〉新释》就是继承；他的《稳定不

---

① 胡适.读书与治学[M].北京：生活·读书·新知三联书店，1999：11.

② 冯友兰.中国现代哲学史[M].北京：生活·读书·新知三联书店，2009：85，161，185.

稳定的经济》就是创新。正因为有扎实的继承，海曼·P.明斯基在凯恩斯《就业、利息和货币通论》中投资具有不确定性的基础上，提出了著名的"金融不稳定性假说"，造就了闻名世界的"明斯基时刻"。

中国著名哲学家冯友兰、美国著名经济学家阿尔文·汉森和海曼·P.明斯基是哲学、经济学领域继承和创新的典范人物。其"述"与"作"的经典著作情况，可简单列表，见表5。

表5 "述"与"作"的经典案例

经典作家	"述"(继承)	"作"(创新)
冯友兰	《中国哲学史》	贞元六书:《新理学》《新事论》《新世训》《新原人》《新原道》《新知言》
阿尔文·汉森	《凯恩斯学说指南》	《货币理论与财政政策》《经济政策与充分就业》
海曼·P.明斯基	《凯恩斯〈通论〉新释》	《稳定不稳定的经济》

当然，在著名学者的论著清单中，我们或许不能明显地看到"述"与"作"的清晰痕迹。但是，大凡有巨大成就的学者，必然有扎实的、真正的"述"(继承)。即使没有相对纯粹的"述"的论著，人们依然能够从他们"作"(创新)的论著中，清晰地看到"述"(继承)的影子，看到著名学者治学的源流和路径。这是毫无疑问的。约翰·内维尔·凯恩斯(20世纪著名经济学家约翰·梅纳德·凯恩斯的父亲)就曾经明确说过:"亚当·斯密没有讨论过经济研究的正确方法问题;因此，他的观点只能从他对问题的研究的过程中抓到。"①

四、"新"与"旧"的关系

上文已经提及，在我国人文社科界，对待博士论文以及期刊发表论文，有一种倾向认为文献综述应该是最新的研究现状，如果文献综述比较久远，好像就存在继承不够的问题。对此，笔者倒有点不同看法。

① 凯恩斯.政治经济学的范围与方法[M].北京:华夏出版社，2001:6.

其实，真正伟大的学问无所谓“新”与“旧”，真正伟大的学问历久弥新。一定意义上，知贵求新，学贵求旧。知识是会折旧的，变化很快；知识一旦上升到“学”或“学理”的高度，就相对地稳定下来了，就变成一门学问的“硬核”。此种学问的“硬核”是人类千万知识中沉淀下来的为数不多的精华部分，这才是真正值得我们下苦功追求的，这恐怕也是人们通常说“求学”而不说“求知”的原因之所在。

老子《道德经》中有言：道生一，一生二，二生三，三生万物。其本意是说宇宙的起源。就学问而言，值得学习的就是其中的“道”，也就是最本源的东西，而不是支离破碎的“万物”性质的东西。

囿于笔者自身局限性的知识结构，我仍然列举经济学的例证。众所周知，古典经济学是现代西方经济学及其各主要流派的发源地，古典经济学有一个重要理论支柱就是著名的萨伊定理。萨伊（1767—1832年）是法国著名经济学家，货币中性论的最著名的代表人物之一。萨伊断言：货币只是一种交换媒介，产品最后是要用产品来购买的。“在以产品换钱、钱换产品的两道交换过程中，货币只是一瞬间起作用。当交易最后结束时，我们将发觉交易总是以一种货物换另一种货物。”[①]既然一种产品总是用另一种产品购买的，而作为购买手段的这另一种产品又是在生产领域产生的，因此，萨伊说：“生产给产品创造需求”[②]；“一种产物一经产出，从那时刻起就给价值与它相等的其他产品开辟了销路。”[③]这就是著名的萨伊定理。萨伊定理的影响非常之大，得到了著名经济学家李嘉图的赞扬和支持，得到了著名经济学家穆勒父子的大力宣扬。凯恩斯在其著名的《就业、利息和货币通论》中评价说：“从萨伊及李嘉图以来，经典学派都说：供给会自己创造自己的需求(supply creates its own demand)。”[④]

萨伊定理是说供给自创需求，有供给就有需求，因而有一个推论就是资本主义不会发生经济危机。但是现实经济的发展是资本主义多次

① 萨伊．政治经济学概论[M]．北京：商务印书馆，1963：144．

② 同①142．

③ 同①．

④ 凯恩斯．就业、利息和货币通论[M]．北京：商务印书馆，1983：19－20．

发生了经济危机。此时，不少经济学家因为经济危机的存在先后开始批判萨伊定理，说萨伊定理破产了。马克思和凯恩斯都先后强烈地批判过萨伊定理，凯恩斯主义者也认为凯恩斯用消费函数理论取代了萨伊定理。其实，萨伊定理提出于1803年（萨伊出版《政治经济学概论》的那一年），当时世界上没有发生过经济危机，只是到了1825年，人类历史上（在英国）才发生了第一次生产过剩的经济危机。也就是说，萨伊定理提出的时候，人类尚处于短缺经济当中，萨伊定理概括了当时的经济现象（由于短缺，有供给就有需求甚至是有供给就有多于供给的超额需求），是完全正确的。即使今天，萨伊定理的提出已经过去200多年了，人类仍然存在短缺现象。比如在非洲仍然有许多人口因为短缺、因为贫困而挨饿；世界其他地区甚至西方发达国家也存在贫困人口，因而有所谓贫困线的标准；时至2017年末，我国农村贫困人口仍然高达3046万人（这3046万人当中还没有包括城市贫困人口），因而正在进行精准扶贫。由此，萨伊定理仍然存在真理性，无所谓破产的问题。

其实，萨伊定理有约束条件：当供给小于或等于需求时，萨伊定理完全成立；当供给大于需求时，萨伊定理不成立。这种约束条件可以用下表给予相对准确的表述（见表6）。

表6　萨伊定理的约束条件

商品市场供求状况	萨伊定理是否真理
单个商品市场：供给（S）＜需求（D）	是
整体市场：总供给（AS）＜总需求（AD）	是
单个商品市场：供给（S）＝需求（D）	是
整体市场：总供给（AS）＝总需求（AD）	是
单个商品市场：供给（S）＞需求（D）	否
整体市场：总供给（AS）＞总需求（AD）	否

萨伊定理的约束条件表明，萨伊定理仍然具有一定的生命力。只有当人类全面消灭短缺、消灭贫困，进入全面过剩经济时代时，萨伊定理的真理性才会完全消失从而退出历史舞台。但是，这一天还远远没有到来。

当然，流行观点都认为萨伊定理已经过时甚至破产。笔者倒认为，对萨伊定理不可忽视，一个理论观点能够上升到定理的高度自有其包含真理的地方。对此，还是阿尔文·汉森说得对："为任何一大群有资格的经济学家长期接受的任何经济学说，永远不会全无价值。"①在当今全球金融危机，金融资产泡沫遍地、炒风盛行的情况下，萨伊定理重视物质生产的供给方面或者发展实体经济的价值应该受到更多的重视。

知识是会折旧的。有些知识甚至折旧率很高，因而价值不大。我国社会经济生活中的一些口号式的东西更是速朽的。比如，一段时间报刊上曾热议所谓"知识经济"，鼓吹人类社会已经进入所谓"知识经济时代"。然而，究竟什么是知识经济呢？什么又是知识经济时代呢？对此，好像没有人说得清楚，难道在知识经济、知识经济时代到来之前，人类经济是没有知识的经济吗？人类所处时代是没有知识的经济时代吗？倡导知识经济、知识经济时代者没有人能够科学回答。这可能也是所谓"知识经济""知识经济时代"口号迅速消失的原因。

五、问题与方法的关系

问题永远是智力的引擎。不会提出有价值的研究问题就不可能有创新性的思考和成果。一个人文社科学者如果没有某种形式有价值的问题操之在手，就只能茫无目标地游荡。

这里，笔者仍然以经济学专业为例。众所周知，经济学家的成名往往是和其研究问题连在一起的。提起某位著名经济学家，人们往往会想起他所研究的领域和问题；提起某个经济学研究领域或问题，人们往往会想起研究此领域或问题并取得巨大成就的经济学家。比如，一提起"自由放任"，人们会想起亚当·斯密；一提起国家干预，人们会想起凯恩斯；一提起创新，人们会想起熊彼特；一提起产权理论，人们会想起科斯；一提起新制度经济学，人们会想起诺斯；一提起经济学教科书，人们会想起萨缪尔森的《经济学》；一提起金融危机，人们会想

---

① 汉森．凯恩斯学说指南[M]．北京：商务印书馆，1963：11.

起海曼·P.明斯基;等等。一定意义上讲,亚当·斯密、凯恩斯、熊彼特、科斯、诺斯、萨缪尔森、海曼·P.明斯基等伟大经济学家已经成为经济学领域梁启超先生所谓的"历史的人格者"[①]。

在当代中国大学,最困窘的现实是中国人自己提不出有价值的重大理论问题。比较重大的中国理论命题反倒意外地由外国人提出。"李约瑟之谜""敦煌在中国,敦煌学在日本""中国模式""谁来养活中国""金砖国家"等都是著名的例证。

当然,中国人也不是完全没有能力或没有提出过重大问题。著名的"钱学森之问"就是中国人自己提出的发人深省的重大理论问题和现实问题。毋庸置疑,"钱学森之问",既是一个"科学之问""教育之问",实际上,更是一个"体制之问""历史之问"。时至今日,对"钱学森之问"我们仍然没有办法交出令人满意的答卷。

以上所言,是想说明提出有价值问题的重要性。当然,这绝不意味中国学术界很好地解决了方法问题。其实,方法问题是中国自古以来一直没有很好解决的问题。一个根本的原因在于中国没有逻辑学,以至于近代"西学东渐"之第一人的严复不得不将西方的逻辑学翻译为"名学"。此说明中国学术传统中一直缺乏应有的逻辑思维,这是中国学术发展的硬伤。具体到经济学研究,当下仍然很少提出有重大影响的问题,能够为世界提供经济学方面的"中国智慧""中国方案"。比如中国改革开放的逻辑,对此重大理论问题和现实问题,学术界并没有取得有影响有价值的成果。

自然,也有中国学者在国际著名期刊上发表论文,但影响有限。唯一的作用恐怕只是为欧美学术界观察、研究中国问题提供点材料罢了。国内期刊上发表的学术论文,数学模型越来越多,但真正能够上升到理论层次的非常有限,能够走进教科书成为经典内容的尚无一例。还是黄达教授以高洁的人格和实事求是的精神一语道破了真情:"在货币银行学的学理部分中,有的只是西方所创建的原理。"[②]不少的论文抓不

① 梁启超.中国历史研究法[M].上海:上海文艺出版社,1999:134.

② 黄达.与货币银行学结缘六十年[M].北京:中国金融出版社,2010:50.

住研究问题，只是玩弄数学模型，所得结论路人皆知，甚至连经济学的常识都算不上。

为此，中国经济学界应该反思。经济学的科学研究必须问题导向而不是方法导向。问题是研究对象，方法是解决问题的手段；方法是依附于研究问题而存在的，没有问题即不需要研究方法。世界上恐怕也没有脱离具体研究问题而独立存在的方法。

经济学家林毅夫教授曾经写过一篇很好的文章：本土化、规范化、国际化——庆祝《经济研究》创刊50周年。强调研究对象要本土化，研究方法要规范化，研究成果要国际化[1]。这是非常正确的，是中国经济学研究真正取得成就的必由之路。找到了有价值的研究问题，应用科学的研究方法探索，取得有别于别人的有创新性的研究成果，才是经济学以至人文社会科学研究的正确路径。

① 林毅夫.本土化、规范化、国际化：贺《经济研究》创刊40周年[J].经济研究，1995(10)：13-17.

论经济研究过程中的理论模型与经验实证——以货币需求模型为例

自从1930年欧美经济学家发起成立计量经济学会，1969年计量经济学家拉格纳·弗里希(Ragnar Frisch)和简·丁伯根(Jan Tinbergen)荣获首届诺贝尔经济学奖金甚至远自英国古典政治经济学之父威廉·配第早于1690年出版《政治算术》，经济学作为一门演化的科学一直具有数理分析的传统，而理论模型与经验实证则是数理分析的有效实现形式，也是科学的经济学赖以发展并取得实质进步的方式。本文基于著名经济学家熊彼特和林毅夫的研究成果，以货币需求模型为例，对经济研究过程中的理论模型与经验实证进一步提出笔者的个人看法，就教于经济学界的同仁们。

一、理论模型的内涵

查《新帕尔格雷夫经济学大辞典》，《中国大百科全书》经济学卷、财政税收金融价格卷，《中国金融百科全书》，《经济学大辞典》数量经济学卷等，均没有"理论模型"词条及其权威解释。《新帕尔格雷夫经济学大辞典》中只有与"理论模型"相关的"模型与理论""宏观经济计量模型""增长模型"等词条，"模型与理论"中只强调了理论与模型的区别，而"宏观经济计量模型""增长模型"只是"理论模型"的具体表现形式，与"理论模型"本身相去甚远。《经济学大辞典》数量经济学卷中列有"经济数学模型"和"经济模型"词条，其含义也与"理论模型"有一定差异。

然而，"理论模型"一词却被中外经济学界所广泛应用着。比如，美国著名经济学家熊彼特在《从马克思到凯恩斯十大经济学家》一书中就无数次讨论过"理论"。据不完全统计，在评介马歇尔、庞巴维克、陶西格、费希尔和凯恩斯等经济学家时，至少有12次以上使用"模型"或"经济模型”一词[①]。此外，他也多次使用与模型意思相近的“图解”“图式”“逻辑的图式”等词汇替代“模型”或“经济模型”。

中国著名经济学家林毅夫教授在《论经济学方法》一书中也至少10次明确讨论过“理论模型”[②]。他说：“一位经济学家要用很简单的数学构建理论模型。”“各位同学在学好数学工具的同时，也要学会以理性人作为出发点来观察现象，直接抓住现象背后的主要变量来构建新的理论模型的能力。”“理论模型无非是帮助我们了解社会经济现象的工具。”“理论模型中的假设越接近现实，模型就越复杂，要复杂到什么程度，取决于理论模型是否能够解释、预测所观察到的现象。”“理论模型不是真实社会，真实社会里有成千上万的变量，每个理论模型中都只保留几个变量而已。所以理论本身绝不是真实的社会，这一点要清楚。”“经济学中的任何理论模型，甚至任何社会科学中的理论模型，都只是人类行为本身的某一侧面的一个剪影，而不是人类行为本身。”“要有能力构建内部逻辑一致的理论模型，最好是简洁的数学模型。”“理论是信息节约的工具，理论模型并不是越复杂越好，而要尽可能地简化，限制条件要尽可能地少。”“由于理论是信息节约的工具，理论要有尽可能强的‘普适性’(robustness)，也就是要有更大的解释范围。要达到这个目标，理论模型中的限制条件就要有一般性。”[③]

自然，林毅夫教授对理论模型进行了富有价值的多方面的探索。对帮助人们理解和认识理论模型提供了非常有益的指导意见，功莫大焉！善莫大焉！

---

① 熊彼特是人类历史上罕见的几个天才经济学家之一。在其名著《从马克思到凯恩斯十大经济学家》中，他曾10多次讨论过作为科学经济学的标准分析工具的“模型”(熊彼特.从马克思到凯恩斯十大经济学家[M].北京：商务印书馆，1965：110，162，213，225，244，276，277，278，285.)。从表面看，《从马克思到凯恩斯十大经济学家》是十大经济学家的学术传记；就实质而言，它是一部经济学方法论著作。它清楚地告诉人们，真正的经济学家的工作方式及其性质。

② 林毅夫教授是中国著名经济学家。他非常关注经济学研究方法并热心于经济学方法的传授。在其以与学生对话形式撰著的《论经济学方法》(北京大学出版社，2005)一书中，林毅夫精辟而清晰地论证了“理论模型”。就目前而言，林毅夫的《论经济学方法》是中国学术界最好的颇具特色的经济学方法论著作。

③ 林毅夫.论经济学方法[M].北京：北京大学出版社，2005：15，16，30，33，36，67，115，116.

但是，笔者认为，熊彼特在评介凯恩斯一文中没有明确提到“理论模型”一词的一段话却更能体现理论模型的精神。

“任何一个关于社会经济情况的全面‘理论’是由两个互相补充但基本上不同的因素所组成的。第一是，理论家关于这一社会情况的基本特征，关于特定时刻为了理解它的生活什么是什么不是重要的事物的观点。让我们把这叫作他的看法。第二是，理论家的艺术，即他们以把他的看法概念化，并把后者变成具体的主张或‘理论’的工具。”①

很显然，熊彼特的上述一段话主要包含两方面的内容：一是理论家关于研究对象的观点、看法；二是理论家对其观点、看法的概念化艺术表现。此可谓“理论模型”的经典诠释：理论模型就是理论观点和概念化艺术表现（一般为数学模型等形式）的统一体，两者缺一不可。用简单的数学等式可表述为：

理论模型＝学术观点＋概念化艺术表现

其实，熊彼特在其光辉巨著《经济分析史》中论述科学方法时，曾提出的“想象”（vision）范畴②，同样表达了理论模型概念并对之有进一步的深刻阐述。

“分析工作本身就包含有两种不同的然而又不可分割的活动。一个在于使想像的内容概念化。所谓概念化，我们的意思就是说，把想像中的各种组成成分以准确的概念加以固定，给它们一定的标志或名称以便于识别。同时（用定理或命题）确定它们之间的关系。另一种活动就是猎取更多的经验资料（事实），借以丰富和核对原先已经掌握的资料。应该说这两种活动并不是各自独立进行的，而在两者之间一定有一个不断取舍的过程。为了概念化，往往引起对更多的事实的猎取；而新发现的事实又一定被插进来和加以概念化。在一种无休止的连续过

① 熊彼特．从马克思到凯恩斯十大经济学家［M］．宁嘉风，译．北京：商务印书馆，1965：264.

② 熊彼特在其高峰之作《经济分析史》中，曾提出过一个非常有趣的“想象”（vision）范畴，用于解释经济学的认识行为和创造性思想方法，并以凯恩斯的《就业、利息和货币通论》和《合约的经济后果》为例给予了清晰的论证。参见熊彼特《经济分析史》（第一卷），商务印书馆 1991：70－72页。

程中，这两种活动改进、加深和修正了原先的想象，同时也改进了彼此的结果。在我们努力的任何特定阶段，我们确定试验建立图式、体系或模式，以便尽量妥善地描述我们感兴趣的整套现象，然后以'演绎的'或'归纳的'方式加以发展。……以上是关于科学程序的一个很不完全的描述。"①

如果说熊彼特在《从马克思到凯恩斯十大经济学家》中只简要地论证了理论模型，那么，他在《经济分析史》中则进一步将理论模型的论述具体化了，并且和经验实证联系起来，论证了理论模型与经验实证的密切关系和它们的相互作用原理。熊彼特本人自谦地认为自己的论述是"很不完全的描述"，其实，他的论述是非常经典的。

二、理论模型的表现形式

理论模型具有多种表现形式，如文字、图表、曲线、数学方程式等。众所周知的 *IS*-*LM* 曲线、菲利普斯曲线、拉弗曲线、恩格尔系数、基尼系数等，都是经典的理论模型②。这里，仅以笔者比较熟悉的货币理论为例给予简单分析。

货币理论的发展源远流长，其中影响最为深远的是货币数量论(the quantity theory of money)。货币数量论中又以货币需求模型为最高成就。经济学说史上将货币理论系统化并形成货币需求模型的计有马克思(Karl Marx)、费雪(Irving Fisher)、马歇尔(A. Marshall)、庇古(A. C. Pigou)、凯恩斯(J. M. Keynes)、弗里德曼(M. Friedman)和麦金农(R. I. McKinnon)等经济学家。兹分述之。

1. 马克思

早在1867年，马克思即在其巨著《资本论》第一卷中深入地研究了货币流通问题，并提出了自己的货币需求模型。马克思指出："商品价

---

① 熊彼特. 经济分析史：第一卷[M]. 朱泱，译. 北京：商务印书馆，1991：77－78.

② 当然，千万不可排斥理论模型的文字表达。若只有用数学构建模型才能成为经济学家，那么，经济学说史著名的经济学大师亚当·斯密、大卫·李嘉图、马克思、哈耶克、科斯、诺斯等，都算不上是经济学家？一切的理论模型都有严格的约束条件和适用范围，而这种约束条件和适用范围若放弃文字叙述仅靠数学公式却难以清晰表达。

格总额/同名货币的流通次数＝执行流通手段职能的货币量。这个规律是普遍适用的。"[①]对此，我国学术界通常称为"货币流通规律"或"货币必要量规律"，一般用公式表示为：

$$M=PQ/V \tag{1}$$

马克思坚持劳动价值论，认为商品价格总额 PQ 及货币流通速度 V 共同决定流通中货币需要量 M 也就是货币需求量 Md。应该承认，马克思的货币需求模型有宏观的视角，为后世研究货币需求理论模型奠定了基础。当然，由于时代的局限，也由于《资本论》的任务使然，马克思的货币需求模型中，货币仅是流通手段和交换媒介(马克思的假定前提货币只是金银)，这与后世把货币视为金融资产和政策变量有很大的区别。

2. 费雪

1911 年，美国经济学家、耶鲁大学教授费雪发表了《货币的购买力》[②]，提出了著名的费雪方程式：

$$MV=PT \text{ 或 } P=MV/T \tag{2}$$

公式(2)中，M 为一定时期内流通货币的平均数量，V 为货币流通速度，P 为各类商品的平均价格，T 为商品交易数量。从费雪方程式看，P 值取决于 M、V、T 三个变量的互相作用。费雪认为，在 M、V、T 三个变量中，M 是一个由模型之外的因素决定的外生变量，V 在短期内不变，可视为常数，交易量在短时期内也是稳定的。因此，方程式 $MV=PT$ 中 P 和 M 的关系最重要，物价 P 取决于货币量 M 的变化。应该看到，费雪方程式与马克思的货币必要量公式一样，都是宏观货币需求模型。有所不同者，马克思认为，流通中货币需要量由商品价格总额与货币流通速度决定；费雪方程式则用货币数量的变动解释价格。马克思和费雪都没有考虑微观经济主体对货币需求的影响。

---

① 马克思.资本论:第一卷[M].北京:人民出版社,1975:139.

② 美国著名经济学家费雪在其名著《货币的购买力》中提出了著名的费雪方程式，科学规范地论证了货币数量与物价之间的关系。参见 I. Fisher, The purchasing power of money, (New York, 1911, revised 1922), Chapters 2 – 5 and 8.

3. 马歇尔和庇古

以马歇尔和庇古为代表的剑桥学派，在研究货币需求时，非常重视微观经济主体因素。他们认为微观经济主体在通常情况下所持有的货币量或现金余额，与名义货币收入存在固定或稳定关系。这就是剑桥方程式[①]。

$$Md = kpy \tag{3}$$

公式(3)中，P 代表物价水平，Y 代表总收入，K 代表以货币形式保有的财富占名义总收入的比例，Md 代表货币需求。如果说费雪方程式关注的焦点在于货币数量与物价的关系，把货币当作交易媒介，仅考虑了货币流通量的话，剑桥方程式则重视货币作为一种金融资产的功能，从存量角度考察了货币需求及其数量。显然，剑桥方程式中的货币需求因素多于费雪方程式，且将货币需求模型导向了微观分析的角度。

4. 凯恩斯

凯恩斯作为剑桥学派的一员，在剑桥方程式的基础上，将货币需求的微观分析更推进了一步。在其划时代巨著《就业、利息和货币通论》一书中，凯恩斯提出了一种独特而创新的货币需求理论，即后世所谓流动性偏好理论[②]。凯恩斯认为，人们的货币需求行为由三种动机即交易动机、预防动机和投机动机决定。交易动机和预防动机决定的货币需求取决于收入水平并和收入水平呈正相关关系；由投机动机所决定的货币需求取决于利率水平且与利率水平呈负相关关系。正是在三动机说的基础上，凯恩斯提出了自己的货币需求模型：

$$Md = M1 + M2 = L1(Y) + L2(R) \tag{4}$$

公式(4)中，Md 代表货币需求，Y 代表收入，R 代表利率。

《就业、利息和货币通论》出版后，无论对学术思想还是经济政策都产生了深远的影响。就货币理论而言，其最重要的贡献就是推翻了18世纪以来占绝对统治地位的古典货币数量论，彻底粉碎了“货币中性

① PIGOU A C. The value of money[J]. Quarterly Journal of Economics, 1917(18): 38 - 65.

② 凯恩斯. 就业、利息和货币通论[M]. 徐毓枏，译. 北京：商务印书馆，1983：170.

论”。20 世纪 30 年代的大危机时期，凯恩斯抨击古典学派货币理论的不当和货币政策的失效，颇能得到理解和共鸣。由此，1936 年到 20 世纪 60 年代末期的 30 年，就成为凯恩斯主义的全盛时期，号称“凯恩斯时代”。

5. 米尔顿·弗里德曼

从 20 世纪 50 年代开始，大规模的经济萧条已不再是世界经济的主要问题，代之而兴的是通货膨胀。特别是 20 世纪 70 年代以后，通货膨胀又为更复杂的“滞胀”问题所取代。经济环境的转变，在经济理论上的反映则是古典经济学的回潮。在货币理论方面则表现为货币数量论的复兴。正是在这样的背景下，以弗里德曼为代表的货币主义作为凯恩斯主义的对立面应运而生。弗里德曼的货币需求理论，一方面承袭了凯恩斯视货币作为一种资产的思想，利用它把传统的货币数量说改写成货币需求模型；另一方面又基本肯定了货币数量说的长期结论即货币量的变动只能影响总体经济中货币部门的名义量如物价、名义利率等，但不影响实质部门的真实量如就业等。1956 年，弗里德曼发表了《货币数量论的重新表述》，提出了自己的货币需求模型[①]：

$$\frac{M}{p}=f\left(r_b,r_e,\frac{1}{p}\frac{dp}{dt};\omega;\frac{y}{p};u\right) \tag{5}$$

公式(5)中，$\frac{M}{p}$是实际货币需求；r_b 为固定收益的债券利率；r_e 为非固定收益的证券利率；$\frac{1}{p}\frac{dp}{dt}$为预期物价变动率；$\frac{y}{p}$为实际恒久性收入；ω 为非人力财富占个人总财富的比率或得自财产的收入占总收入的比率；u 为反映主观偏好、风尚及客观技术与制度等因素的综合变数。从形式上，弗里德曼的货币需求模型并没有摆脱凯恩斯货币需求模型 $M=L(y,r)$ 的影响，但其模型的构成要素性质和数量却较凯恩斯复杂得多。比如，弗里德曼的货币需求模型中，引进了颇具特色的恒久性收入、预期物价变动率等。

---

① 弗里德曼. 货币数量论研究[M]. 瞿强，译. 北京：中国社会科学出版社，2001：11.

6. 麦金农

第二次世界大战后，发展经济学作为经济学的一支独立分支蓬勃发展起来。如何利用金融来促进经济发展被纳入了经济学的研究视野。1969 年，美国著名经济学家戈德史密斯（Raymond W. Goldsmith）出版了《金融结构与金融发展》（*Financial Structure and Development*），1973 年，美国经济学家麦金农和爱德华·肖（Edward S. Shaw）又相继出版了《经济发展中的货币与资本》（*Money and Capital in Economic Development*）和《经济发展中的金融深化》（*Financial Deepening in Economic Development*）。这三本著作都是发展金融学的经典著作，特别是麦金农在其名著中提出了发展中国家的货币需求模型[①]：

$$\left(\frac{M}{p}\right)^{D}=L\left(Y,\frac{I}{Y},d-p^{*}\right) \tag{6}$$

公式(6)中，$\left(\frac{M}{p}\right)^{D}$ 为实际货币需求；Y 为收入；I 为投资；$\frac{I}{Y}$ 为投资占收入的比率；d 为各类存款利率的加权平均数；p^{*} 为预期通胀率；$d-p^{*}$ 为货币的实际收益率。

显而易见，麦金农的模型深受凯恩斯和弗里德曼模型的影响。在麦金农的模型中同样有收入、预期通胀率和货币的实际收益率等因素。但麦金农的模型中，其解释变量 $\frac{I}{Y}$ 是有特色的，这是考虑了发展中国家金融市场不够发达、外源融资比较困难，企业发展主要依靠内源融资的现实情况。另一有特色的解释变量是 $d-p^{*}$，很显然，这是以发展中国家大多存在通货膨胀为背景。

从上述著名的六大货币需求模型中，我们可以清晰地看到，同是货币需求模型，不同的经济学家有自己不同的表达形式。但是它们共同的一点却是，都有他们各自不同的理论观点和概念化艺术表现。

此从一个侧面证实了林毅夫教授的观点："任何理论都不是真理本身，而且对于一个现象，经常会有好几个似乎都可以解释这个现象但可

① 麦金农. 经济发展中的货币与资本[M]. 卢聪，译. 上海：上海三联书店，1988：66.

能相互矛盾的理论存在。"[①]林毅夫教授的话完全正确。理论本身不是真理，而是认识真理的工具；模型本身不是理论，而是表现、完善理论的工具和手段，是理论的有机组成部分。

"要用简单的数学模型来解释复杂的社会经济现象，就要求经济学家有从成千上万可能有影响的社会经济变量中直接识别出最重要的变量的直觉能力，好的经济学家和一般的经济学家的差别就在于这种能力的强弱上，这也使得经济学家的理论创新和运用带有艺术的成分。"[②]按照林毅夫教授的上述标准，马克思(Karl Marx)、费雪(Irving Fisher)、马歇尔(A. Marshall)、庇古(A. C. Pigou)、凯恩斯(J. M. Keynes)、弗里德曼(M. Friedman)、麦金农(R. I. McKinnon)自然都是"好的经济学家"。他们都具有不同程度的理论创新能力并能"带有艺术的成分"表现自己的创新观点。但严格说来，上述理论模型都是不完善的。都不同程度地存在难于克服的局限性：马克思的货币需求模型是很好的宏观模型，但囿于时代的局限，马克思的模型以金属货币流通而且仅以现金流通作为分析对象，在纸币流通或信用货币流通的条件下，显然不能盲目照搬马克思的模型；费雪方程式亦属于宏观模型，但费雪的视野局限于货币是流通媒介，着重考虑的只是货币流通与物价的关系；马歇尔和庇古超越了费雪，重视货币的金融资产功能，其缺陷在于将货币需求分析引入了微观领域。凯恩斯和弗里德曼天才地构筑了货币需求模型的微观基础，但其货币需求模型都取微观持币者的视角，难以为中央银行金融宏观调控提供直接依据。麦金农的模型着力于解除发展中国家的金融压制，实现金融自由化，其初衷与研究货币需求模型是为了有效把握货币供给、更好地制定货币政策并不相容。

我们之所以不厌其烦地讨论货币需求模型及其演进过程，只是想举例说明理论模型的真正内涵：所提出的理论模型的背景(或曰约束条件)、理论观点本身和以数学模型等为载体的艺术表现。真正科学的经

① 林毅夫. 论经济学方法[M]. 北京：北京大学出版社，2005：3.

② 同①17.

济学研究必须遵守严格的理论模型的范式。符合范式者谓之预流，否则，即为不入流。

三、经验实证的必由之路

提出理论模型后，还须对理论模型做出相应的经验实证。

其实，所谓的实证分析应该包括两方面的内容。第一是逻辑实证或理论实证，即要证明理论模型内在逻辑上具有一致性，也就是理论模型内部必须是自洽的（自然，逻辑实证是构建理论模型时应该完成的任务）；第二才是经验实证，就是要用实际统计材料，经验地检验理论模型与理论模型所解释的经济现象之间是否吻合，即所谓外洽或模型的外部效度。

对于理论模型的实证分析，林毅夫教授曾有精彩的说明："一个理论要成为科学的理论，必须具备两个一致性。首先，既然任何理论都是几个特定变量之间的因果关系的逻辑体系，理论的内部逻辑必须是一致的。或者说是自洽的，也就是理论模型所揭示的'因'，必须能经过某种机制导致理论所要解释的'果'，一个理论只有内部逻辑是一致的，才能说明理论模型中的几个变量是有因果关系的。其次，理论不是简单的逻辑游戏，理论是要解释现象的，因此理论的逻辑推论和所要解释的现象必须是一致的，也就是理论推论和经验现象的外洽。这是理论必须具备的两个条件。"①

林毅夫教授的上述分析，清楚地说明了一个理论要成立或者说"一个理论要成为科学的理论"必须同时具备的两个条件，即必须通过逻辑实证和经验实证两个不可或缺的有机环节。

就逻辑实证和经验实证的关系而言，是先有逻辑实证，而后再进行下一步的经验实证。如果连逻辑实证都通不过，或者说理论模型内部不自洽，那么，也就没有进行经验实证的必要了。

日常生活中，经常见到的现象是，不少学术论文缺乏应有的逻辑实证或者没有进行缜密的逻辑实证，便开始盲目的经验实证了。其实，若

---

① 林毅夫．论经济学方法[M]．北京：北京大学出版社，2005：12．

理论模型不自洽或理论本身存在问题，再好的经验实证也是枉然，也是虚耗力气。

这里，我们仍以货币需求模型作为例证说明经验实证。

马克思的货币需求模型 $M=PQ/V$ 中，内部逻辑上不存在问题，商品流通决定货币流通自是经济学的公理。马克思的货币需求模型也可以通过经验实证，因为此模型的解释变量 P、Q 和 V 本身都是统计变量，有实际统计数据可以利用。我国计划经济时期颇为流行的货币流通正常化的标志即所谓的 1∶8 的经验公式就是对马克思货币需求模型的中国货币流通实践经验的总结并行之有效地指导了我国的货币流通管理工作。所嫌不足者，马克思模型中的 M 是现金货币(并且是金属货币)，在信用货币流通规模日益庞大的今天，现金货币作为货币供给的代表性自然远远不够了。比如，2011 年，我国的货币供应量 M_2 已高达 85.2 万亿元，而现金货币 M_0 为 5.1 万亿元[①]，仅占货币供应量的 6%。

费雪方程式 $MV=PT$，逻辑实证也没有问题，其局限性与马克思的模型大致是一样的。

剑桥方程式 $Md=kPY$，与费雪方程式 $M=PT/V$ 意义大体相同，有所区别者是两者对货币需求分析的侧重点不同(费雪重视货币的交易功能，剑桥方程式看重货币的资产功能；费雪看重货币流量，而剑桥方程式看重货币存量)。此外，剑桥方程式中的 k 即以货币形式保有的财富占名义总收入的比例，取决于持币者的偏好，暗示了持币者的利率选择因素，从逻辑实证来看是正确的，但心理因素很难度量，在经验实证的道路上走不下去。

凯恩斯和弗里德曼在剑桥方程式所指引的不正确的方向上走得更远，将货币需求分析完全纳入了微观视野。从逻辑实证看，解释变量越来越多，分析越来越深入。其实，凯恩斯和弗里德曼将货币需求导入微观主体分析方向是完全错误的。这种错误体现在两个方面：第一，他们的货币需求模型只有“解释功能”，无法经验实证，从而丧失了“预测功

① 中华人民共和国国家统计局. 中华人民共和国 2011 年国民经济和社会发展统计公报[N]. 人民日报，2012-2-23(10).

能”,更缺乏“实践功能”或“政策功能”。通俗些说,是“中看不中用”[①]。第二,从微观主体看,其货币需求趋向于正无穷大。从中央银行金融宏观调控的视角看,分析此趋向于正无穷大的微观货币需求毫无意义可言。中央银行或货币当局所关心的只是宏观货币需求(或总体货币需求),怎么可能无微不至地照顾到成千上万的企业、家庭的千差万别的趋向于正无穷大的微观货币需求呢?至于麦金农的货币需求模型也只是分析、解释模型,无法经验实证。这里就不赘述了。

由上分析可见,所谓经验实证的关键,就是要把理论模型有效地转化为计量模型,计量模型中的解释变量必须是现实的统计变量。否则,经验实证就无法开展。国内经济学家有两种倾向。一类是爱写文章,爱提观点,但不愿意做自己观点的经验实证工作,嫌太麻烦了。有的甚至误解做经验实证工作是数量经济学家的事情,而自己是搞理论的。另一类倾向则是有些人不愿做艰深的理论研究工作,视理论思维为畏途,而热衷于只对西方的理论模型基于中国数据做技术上的经验实证,美其名曰“中国经验实证”,或者自己也提出理论模型却不做严密的逻辑实证就开始盲目地经验实证了。此两种倾向都不好。本质上言是把科学的经济学研究工作两个不可分割的有机环节人为地“一分为二”了。前一种倾向在改革开放初期和老一辈经济学家中比较常见,后一种倾向则是

① 关于经济学的“预测功能”与“解释功能”,经济学说史上曾存在弗里德曼和萨缪尔森两位经济学巨人之间的激烈论争。弗里德曼强调经济学的预测功能,他认为经济学是实证科学。实证经济分析方法的任务和终极目标是提供和发展一种能够对尚未观察到的现象做出合理的、有意义的预测的工具。只要理论与未来的预测相符就不必在意其假定前提是否真实。弗里德曼的方法论是典型的工具主义观点。萨缪尔森则认为,科学只提供描述,最多是在描述的基础上进行解释,而不能提供任何预测。萨缪尔森认为理论作为对可观察和可反驳的经验规律的描述,用来描述很大范围的可观察的现实的描述(方程式或其他形式)毕竟是我们在此能够得到的全部解释。一个解释,就像在科学中正当运用的,是描述的更好形式,而不是某些最终超越的东西。(弗里德曼.弗里德曼文萃[M].北京:北京经济学院出版社,1991;SAMUELSON P. Theory and realism: a reply[J]. The American Economic Review, 1964(54); SAMUELSON P. Professor Samuelson on theory and realism: a reply[J]. The American Economic Review, 1984(8))。对于两位经济学巨人之间的争鸣,作为后学笔者不敢妄评。只是认为可以在弗里德曼和萨缪尔森的“预测功能”与“解释功能”的基础上,依据另一位经济学巨人凯恩斯“在我们实际生活其中的经济体系中找出几个变数,可以由中央当局来加以统制或管理”的学术观点的启示,可以为经济学理论增加第三个功能即“政策功能”。因为“政策功能”更符合经济学“经世济民”的追求目标。

当前年轻学者特别是博士、硕士学位论文中司空见惯的现象。

需要强调的是，解释变量中的诸多统计变量的关系一般而言不是平行的、等量齐观的。在理论模型自洽的前提下，构成模型的被解释变量和解释变量必须是统计学意义上的，方能进行进一步的经验实证（计量检验）。否则，所谓经验实证是空的，是行不通的。当然，数学模型再精致，若不附有自己有创新的经济思想，那也只是对别人思想的论证而已，算不上有价值的真正的创新。其原因在于单纯的模型验证并没有超越别人的视野。为了完成科学研究——提出问题、分析问题、解决问题——的全程任务或者将经济科学研究工作进行到底，最重要的一点是，要从诸多解释变量即统计变量中找到外生变量。

其实，早于1936年，凯恩斯已在其名著《就业、利息和货币通论》中曾经明确指出："本书分析之最终目的，乃在发现何者决定就业量。"①"我们最后的任务，也许是在我们实际生活其中的经济体系中找出几个变数，可以由中央当局来加以统制或管理。"②就研究方法而言，凯恩斯的意思就是要寻求理论模型解释变量中的外生变量，以便"中央当局来加以统制或管理"。我国著名经济学家林毅夫教授也曾多次强调理论模型中外生变量的重要性。他说："我有一个习惯，当我看见别人把几个变量并列的时候，我绝对不会停留在那里，我一定会进一步思考这几个并列的变量是不是等价的，当中有没有更为根本性的外生变量，而其他变量则是这个外生变量的内生变量。""我再次强调，当碰到几个同时并列的因素的时候，一定要仔细想想看，这几个并列的变量的特性是什么。内生变量和外生变量一定是同时出现的，但是它们不是等价的，抓住外生变量才能把问题分析得更透彻一点。""一位经济学家提出一个能够解释新的经验现象的新理论时，通常是这位经济学家先悟到了这个现象背后的决定性外生变量，然后才根据这个变量来构建和其他给定的外生变量以及内生变量之间的逻辑关系，而不是靠某些模型一步一步推导出来的。""在推动社会进步时，要有效地改变内生变量，必须

① 凯恩斯．就业、利息和货币通论[M]．徐毓枬，译．北京：商务印书馆，1983：79.

② 同①210.

从改变决定内生变量的外生变量着手，如果不改变外生变量而想去直接改变内生变量，那么，不仅会事与愿违，而且很可能把事情搞得更糟。""在外生变量中还要分可变动的外生变量和不可变的外生变量，要有效地改变内生变量，只能从可变的外生变量中着手。"[①]应该说，凯恩斯和林毅夫关于外生变量的论述准确而鲜明。

构建起科学的理论模型，通过对理论模型进行"双重的"逻辑实证和经验实证，继而最终找到理论模型的解释变量当中具有关键性的外生变量，才能为所研究问题真正寻求到最终解决的途径，也才算完成了科学研究的全程任务。否则，所研究问题也只有停留在分析阶段而止步不前。

四、不算结论的结论

总结全文，我们可以得出下列不算结论的研究结论：

(1)任何经典理论模型都是时代的产儿，都会打上自己所处时代的明显烙印。由此，理论模型的内涵至少包括三个方面的内容：提出理论模型的背景(或曰模型的约束条件)、理论观点本身和以数学模型等为载体的艺术表现。不过，许多理论模型省略了或没有明确提出其约束条件。此需要使用模型的决策者高度重视，仔细分析并择善而从之。

(2)科学的理论模型只有通过经验实证才能得到证明。经验实证的前提条件是首先通过逻辑实证，在逻辑实证的基础上，进一步将理论模型中的解释变量转化为可检验的统计变量，然后才能通过实际统计数据完成经验实证。

(3)在理论模型的诸多解释变量中，要找出其中居于关键地位的外生变量。以外生变量作为切入点，方可提出所研究问题的实际解决之策，使经济学的研究成果不仅具有传统意义上的"形而上"的"解释功能"和"预测功能"，而且具有"入世"的"形而下"的"政策功能"。唯如此，才能真正完成科学的经济学研究——提出问题、分析问题、解决问题——的全部探索过程和经济学所固有的"经世济民"的历史使命。

---

① 林毅夫.论经济学方法[M].北京:北京大学出版社,2005:47,50,64－65,77,79.

论财经专业研究生学位论文的选题

一、什么是选题

任何研究工作都是一个提出问题、分析问题、解决问题的过程。金融研究亦不例外。由此,选择金融研究课题,就成为金融研究活动第一阶段的任务。

那么,究竟什么是选题呢?我个人认为选题包括两个层次的含义。

第一层次的选题(这里当名词用)是指一定时代的科学认识主体(研究者)在所处时代知识背景下所提出的科学认识和科学实践中需要解决而又未能解决或未能很好解决但通过努力可以解决的问题。

一般而言,第一层次含义的选题包含着一定的求解目标、求解范围和求解方法,但是尚没有确切的答案。换句话说,可能的选题不是问题,而是一系列问题中有研究价值也可能研究的课题部分。

第二层次含义的选题(这里当动词用)是指形成、选择和确定所要研究和解决的课题的过程。其具体内容包括下列程序:文献调研和实地考察—提出选题—初步论证—评议和确定选题。选题的基本程序见图6。

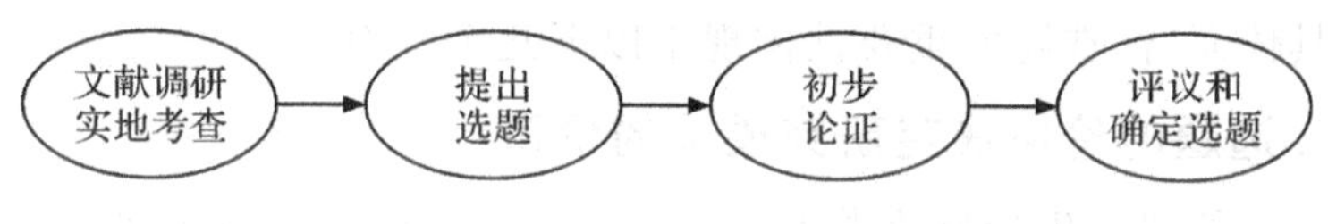

图6 选题的基本程序

在这一程序中,选题本身是一个不断反馈调整的过程,也是反复提纯、净化的过程,常常需要反复调研和多次论证。

第二层次含义的选题(这里当动词用,意指选择过程)向第一层次的选题(这里当名词用,意指选择结果)的成功转化,标志着选题过程的实际完成。

在我国现行教育体制下，理论经济学和应用经济学是并列的一级学科。不少高校将研究生学位论文划分为“理论研究”和“应用研究”两大类。严格地说，此种划分是不太科学的。我们很难论定理论研究中能够不涉及实际应用；也不好界定应用研究中没有理论研究的成分。客观现实是理论和应用很难截然分离。

经济学说史上的经典理论都是在特定历史环境下，针对实际存在问题从具体到抽象而提炼出来的。在此意义上讲，一切经典理论都带有“应用”的性质。另一方面，应用研究就其实质而言也是应用现有理论分析和研究实际问题，这当中自然存在有“理论”的成分。

二、选题的战略地位

选题是科学研究的起点，在科学研究中具有举足轻重的地位。爱因斯坦说：“提出一个问题往往比解决一个问题更重要。因为解决问题也许仅仅是一个数学上或实验上的技能而已，而提出新的问题，新的可能性，从新的角度去看待旧的问题，却需要创造性的想象力，而且标志着科学的真正革命。”[①]贝尔纳说：“课题的形成与选择，无论作为外部的经济需求，抑或作为科学本身的要求，都是研究工作中最复杂的阶段。一般来说，提出课题比解决课题更困难。……所以评价与选择课题，便成了研究战略的起点。”[②]可见，爱因斯坦将选题提高到了“科学的真正革命”的高度；贝尔纳则将选题明确为“研究战略的起点”。

具体而言，选题的重要性体现于以下几个方面：

1. 选题的价值决定研究成果的价值

不少的研究生导师在指导学生选题时都强调：选题宜小不宜大。这仅是从选题的难度方面讲的，特别是学生刚开始从事科学研究和写作论文时这种宜小不宜大的要求自然有其道理。而且，必须客观地承认，研究有关科学技术和国民经济全局的宏大的问题，较之较小的选题当然意义要重大的多。在此意义上说，选题的价值决定研究成果的价

① 爱因斯坦，莫费尔德．物理学的进化[M]．上海：上海科技出版社，1962：66．

② 中国社会科学院情报研究所．科学学译文集[M]．北京：科学出版社，1981：28－29．

值这一命题无疑是正确的。

2. 选题的重要性决定研究成果的重要性

不同的选题，其研究的对象不同。这种不同的研究对象在科学技术和经济社会发展中的地位及重要性不同，对其研究取得的成果的重要性自然有别。

3. 选题的高度决定科研成果创新的高度

所谓选题的高度就是指选题在学科前沿中的重要程度，选题研究的成果可能在理论、政策、方法创新中所发挥的作用。若选题不在学科前沿地带就可能导致重复劳动，就可能难逃我国著名剧作家、南京大学陈白尘教授所说的"武大郎放风筝，出手太低"[①]的命运。

当然，上述选题的价值决定研究成果的价值，选题的重要性决定研究成果的重要性，选题的高度决定研究成果的高度，这三点都是仅就选题本身的理论价值和现实意义而言的。选择了有价值的、具有重要性的、具有高度的选题并不代表一定能做出有价值的高质量的研究成果。毕竟，研究对象不等于研究成果。良好的开端只是成功的一半而不是成功的全部。此亦是我们必须明确谨记的。

4. 选题的成败决定科研工作的成败

布尔马基学派在《数学的建筑》一书中将数学问题划分为六类：(1)没有希望解决的问题；(2)没有后代的问题；(3)产生方法的问题；(4)产生一般理论的问题；(5)日渐衰落的问题；(6)平淡无聊的问题。此划分对经济学、金融学研究特别是选题也是完全适用的[②]。其中，第(1)(2)(5)(6)类问题的选题就是失败的。原因何在？第一类问题难度太大，没有办法解决，属无解问题，故不宜研究，即使硬着头皮研究也属于无效劳动，也得不出什么有价值的成果(所谓没有希望解决的问题)。第二类问题的研究，对解决其他问题没有作用和价值，没有帮助，因而是孤立的问题(所谓没有后代的问题)。第五类问题没有时代性。伴随时代的前进，研究时空变换了，有些问题会淡出学术界的视野而无人问

---

① 陈九平.谈治学[M].北京：大众文艺出版社，2000：499.

② 布尔马基.数学的建筑[M].南京：江苏教育出版社，1999：12－14.

律(所谓日渐衰落的问题)。第六类问题简单地说是没有研究价值,不值得浪费时间(所谓平淡无聊的问题)。

由此可见,选题直接关乎研究工作的成败,此道理不难理解。

三、选题的原则

关于选题的原则,我国学术界进行过热烈的讨论。比如,刘奇、贺新华、陈九龙主编的《自然辩证法概论》教材中将科研选题的基本原则归纳为五条:需要性原则、科学性原则、创造性原则、可行性原则、合理性与效益型原则①。朱成全将科研选题的基本原则归纳为四条:需要性原则、创新性原则、科学性原则、可能性原则②。戴起勋、赵玉涛认为科研选题应遵循五大基本原则:需要性原则、科学性原则、创造性原则、可能性原则、经济性原则③。叶继元认为选题应符合以下要求:应选择具有意义的课题、应选择具有创新性的课题、应选择自己最熟悉的课题、应选择具有专业特色的课题④。

应该承认,学术界关于选题的原则已基本形成共识,在具体文字表述上也基本一致,甚至完全相同。

我个人则认为,无论选题的原则有多少条,其称谓如何变化,但以下两条选题原则却是最重要的,也是我们选题时所必须遵守的。

1. 理论价值与现实意义

创新是科学研究工作的生命线,也是科学研究工作的灵魂。为此,一项科学研究课题若没有理论价值,那是不可思议的。同时,科学研究工作又是为社会实践服务的,若科学选题没有现实针对性,选题研究的目的不是为了解决问题,那自然也是不可取的。

2. 研究者的心得体会

研究者的心得体会就是研究者对选题比较熟悉,有自己有别于别

---

① 刘奇,贺新华,陈九龙.自然辩证法概论[M].2版.北京:北京大学医学出版社,2004:141-143.

② 朱成全.经济学方法论[M].大连:东北财经大学出版社,2003:272-273.

③ 戴起勋,赵玉涛.科技创新与论文写作[M].北京:机械工业出版社,2004:5-6.

④ 叶继元.学术规范通论[M].上海:华东师范大学出版社,2005:54-59.

人的有价值的研究发现。此亦是南京大学叶继元教授所说的“应选择自己最熟悉的课题”的选题要求中的题中之义。一般而言，研究者对自己将要选择的课题并不是一无所知，而是有自己比较清楚的认识，只是这种认识还没有达到有别于别人的有价值的创新的高度。

研究者若没有对选题的心得体会，其结果可能是“选题是选题，自己是自己”，两条平行线奔向远方，永不相交。果如是，选题就绝难成立，实际研究工作也无从开展。

诚然，科学无禁区，但选题有约束。这种约束从客观方面讲，要受时代环境的限制；从研究者主观方面讲，要受到自己的学术积累和学识修养的限制。

学术价值和现实意义是选题的必要性，自己的心得体会是选题的可能性。必要性和可能性的有机结合即现实性。有些题目可能学术价值很高，也有强烈的现实意义即题目本身有价值，是有潜力有发展前途的题目，从必要性看很有意义。但作者可能学术积累不够拿不下来，写不出来，没有能力写。这样的题目虽有意义但不能选作题目。比如“新中国的金融事业”或“新中国金融 60 年”这样的题目需要占有的资料非常多，涉及的金融领域非常宽广，要投人大量的人力和物力方可完成，因而就不宜作为硕士甚至博士论文题目去写作。有些题目作者可能非常熟悉，也有心得体会，但题目本身价值不高，也缺乏现实针对性。这样的题目容易写，但学术价值上打了折扣，也不值得写作。比如“商业银行中间业务研究”或“商业银行信用卡业务研究”这样的题目太实际，属工作研究，对商业银行业务发展固然重要，但缺乏理论性，也不宜作为研究生论文去写作。可行的题目可能在于学术价值和写作能力之间的均衡地带。选题的可行范围见图 7。

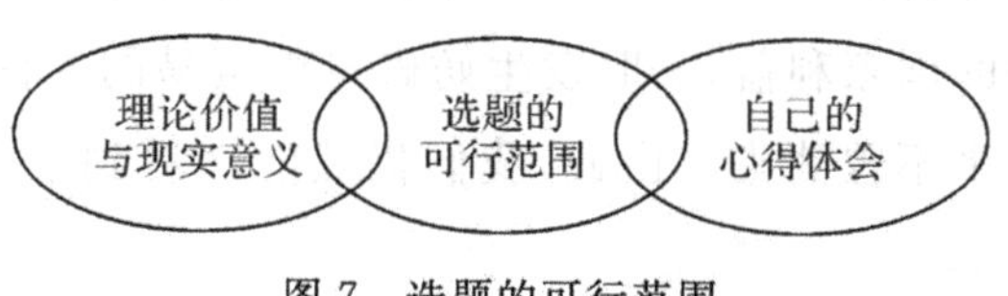

图 7　选题的可行范围

当然，这个均衡点不好把握。简言之，选题本身是科学，更是艺术。

选题的实质是要解决“写什么”的问题，也就是发现问题。发现有价值的选题需要学术眼光和智慧，并不那么容易。

四、选题的来源

一般而言，科学问题归根结底来源于社会生产实践和科学实践。基此，时代的需要就成为科学问题的最基本的来源。当然，科学理论的发展有其相对独立性，科学问题或选题就存在丰富的多样性。

1. 从社会需求中寻找选题

任何理论都是时代的产儿。时代需求是科学理论发展的最大动力，也是选题的最主要的来源。对此，恩格斯早有经典的论述：“社会一旦有技术上的需要，则这种需要就会比十所大学更能把科学推向前进。”[①]毛泽东也讲过：“什么是问题？问题就是事物的矛盾。那里有没有解决的矛盾，那里就有问题。”[②]

经济学说史中，一切具有重要影响的经济学理论都是时代的产物。这样的例子举不胜举：

——亚当·斯密的自由放任理论是英国资本主义自由发展的客观要求的产物。此一理论为英国资本主义以及世界资本主义的发展发挥了巨大的促进作用。

——马克思的剩余价值理论是西欧资本主义经济内部阶级矛盾不可调和的理论总结。此一伟大理论曾改变了半个地球的“颜色”，成为全球社会主义运动的强大思想武器。

——为了保护德国处于童年时代的相对落后状态的民族工业基础，李斯特提出了关税壁垒理论，力倡国家经济学而反对世界经济学。进入21世纪，尽管在WTO框架下，自由贸易已成为全球共识，但世界各国为了自身的国家利益，不时发生妨碍自由贸易的各种政策限制，贸易保护主义从来不曾消失。由此，我们仍然能够看到李斯特的关税壁

---

① 恩格斯.致瓦·博尔吉斯[M]//马克思恩格斯选集：第四卷.北京：人民出版社，1972：505.

② 毛泽东.反对党八股[M]//毛泽东选集：第三卷.北京：人民出版社，1991：839.

垒理论的影子。

——20世纪30年代的大危机彻底粉碎了作为古典经济学理论基础的“萨伊定理”,凯恩斯的国家干预主义理论应运而生。面对全球金融危机,全球似乎又迎来了凯恩斯主义的新时代。从当前全球各国不约而同应对金融危机的政策刺激措施中,从我国积极的财政政策和宽松的货币政策实践中,一切不怀偏见的人们当依然能够看到凯恩斯经济思想的影响因子。

——布雷顿森林货币体系的内在固有矛盾导致了全球金融体系的多次震荡和美元危机,催生了揭示国际货币体系内在矛盾的“特里芬难题”。今天,席卷全球金融危机再次证明“特里芬难题”仍是难题。上述经典理论及其产生背景可归纳为表7。

表7　经济学说史上的几个经典理论

人物	时代背景	理论	著作
亚当·斯密	18世纪英国资本主义得到发展,但仍然遭受到残余的封建制度和流行一时的重商主义的限制政策的束缚	自由放任理论	《国民财富的性质和原因的研究》(1776)
马克思	18世纪英法资本主义经济内部不可调和的阶级矛盾	剩余价值理论	《资本论》(1867)
李斯特	19世纪德国经济相对于英法的落后、积弱	关税壁垒理论	《政治经济学的国民体系》(1841)
凯恩斯	20世纪30年代的大危机	国家干预理论	《就业、利息和货币通论》(1936)
特里芬	布雷顿森林货币体系下的全球金融动荡和美元危机	“特里芬难题”	《黄金与美元危机》(1961)

2. 从理论与实践之间的矛盾中析出选题

歌德有句名言:理论是灰色的,而生活之树常青。其意义无非是说理论具有相对稳定性,而实际生活是变动不居的。由此,理论与实践之间就经常存在着矛盾。实践发展了,理论就可能落伍过时,这时就需要发展出新的理论,对新的实践重新进行新的理论概括。换句话说,理论必须顺应时代潮流,与时俱进。

比如,传统经济理论认为经济增长与充分就业正相关,但中国的现实却不然,改革开放40多年来,中国经济一直高速增长,平均增长速高达8%～10%,但就业压力却越来越大。原因何在?需要深入研究。可能的思路恐怕在于找出经济增长与就业正相关的约束条件。也就是在何种经济发展状态下,才有经济增长与充分就业的正相关。只有找出此约束条件,才能找到中国经济增长与就业不相关甚至负相关的根源,为解决中国就业问题寻找切实可行的解决之道。

3. 从理论内部的矛盾中推导选题

对于同一问题,不同的理论、不同的学派可能有不同的解释,这样,就产生了理论内部的深刻矛盾。比如,对货币政策操作,凯恩斯学派主张“相机抉择”,货币学派则主张“单一规则”。孰是孰非?需要研究。可行的解决办法可能在于弄清楚凯恩斯学派和货币学派提出各自政策主张的理论背景,在此基础上更进一步寻求“相机抉择”和“单一规则”的适用条件。找出两者的适用条件,在相应的约束条件下,实施符合适用条件的政策操作则可能是有效的。

4. 从实践内部的矛盾中寻求选题

实际经济生活总是丰富多彩的,也是充满矛盾的。举例来说,当年全球金融危机背景下,世界各国遭受金融危机的影响是不同的:美国经济复苏举步维艰;欧洲不断爆出债务危机,先是冰岛,再是希腊,现在又是西班牙;日本情况也不妙;“金砖四国”情况较好些。简单地说,全球经济冷热不同,情况迥异。在此复杂状态下,中国选择什么样的政策?是宽松?是紧缩?要继续宽松的话,中国经济增长势头不错,同时面临通货膨胀的巨大压力;要继续紧缩的话,全球外围环境似乎又不允许。宏观经济政策究竟何去何从?这是当前需要深入研究的问题之一。火热的实际经济与金融生活是选题的广阔天地。

五、选题的类型

靳达申、车成卫在《如何提高国家自然科学基金申请质量》一书中

将自然科学基金课题划分为基础研究与非基础研究两大类，并进一步将非基础研究区分为

应用基础研究（目的基础）、应用研究、开发研究和工程技术四种（见表8）。

表8　基础研究与非基础研究

纯基础研究	Know Why or What (Discovery)
应用基础研究（目的基础）	Know Why and Know How
应用研究	Know How
开发研究	Know Market
工程技术	Know Need

资料来源：靳达申，车成卫．如何提高国家自然科学基金申请质量[M]．上海：上海科学技术文献出版社，2003：20．

这种划分是非常有价值和意义的，它有利于研究生论文写作中主题的提炼。现在，不少的研究生论文中模型一大堆，既格兰杰因果检验，又协整分析，但分析结果却没有针对性，与研究问题的理论价值和现实意义挂不上钩，也和自己论文的主题没有关系。给人的感觉是装腔作势，无病呻吟。显而易见，没有假说，即不需要证明。

明确选题的类型有利于提高研究生论文写作的针对性和目的性，强化"问题导向"而非"技术导向"的优良学术研究传统。

五、选题的艺术

1．大处着眼，小处着手

这是著名学者胡适极力倡导的史学研究方法。对经济学、金融学的研究特别是选题同样是完全适用的。当然，此话说起来容易，做到却难。常见的研究类型是"小处着眼，小处着手"，此种类型的研究学问固然扎实，但格局终究狭隘了些；另一类研究是"大处着眼，大处着手"，虽然排场，虽然时髦，到底只是花架子而已。至于"大处着眼，无处着手"则根本不入流。

毛泽东在《矛盾论》中对"大处着眼，小处着手"有着清晰的论述：

"就人类认识运动的秩序说来,总是由认识个别的和特殊的事物,逐步地扩大到认识一般的事物。人们总是首先认识了许多不同事物的特殊的本质,然后才有可能更进一步地进行概括工作,认识诸事物的共同的本质。"[①]我国著名经济史学者严中平对"大处着眼,小处着手"这种选题方法的论述更清楚,更具体。他指出:"不论从科研能力的正常秩序方面看,还是从科研能力的锻炼成长说,我劝青年在选题时要考虑这样的次序:先个别,后一般;先局部,后全体;先断代,后通代;先分析,后综合;先具体,后抽象;先把局部的具体的历史事实搞清楚,然后进行全面的发展规律的抽象概括。总的一句话,从小处着手。"[②]

初学写作的时候选择题目宜小些,这样好驾驭,过大的题目,需要较深厚的学术修养。我国著名经济学家中国社会科学院研究员李扬的博士学位论文题目是《财政补贴经济分析》,此一题目,初看起来比较小。仔细分析却是"大处着眼,小处着手"的典范之作:从财政补贴这一财政支出的子项目入手,考察其对生产、分配、消费、积累等宏观经济变量的影响。该论文 1999 年由上海三联书店出版后,受到学术界的广泛赞誉并荣获孙冶方经济科学著作奖。当然,李扬拥有非常优异的知识结构。他本科在安徽大学读政治经济学(教师中有早年留学英国剑桥大学的藤茂桐教授),硕士阶段在复旦读货币银行学(导师是著名金融学家陈观烈教授),博士阶段在中国人民大学读财政学(导师是著名财政学家王传伦教授)。这样强有力的知识结构在同辈人中间是相当罕见的。

2. 论题要集中

一篇论文集中解决一个问题,不要漫山遍野,四面出击。题目不集中容易导致选题的发散化,很难深入下去。论题不集中常见于平行选题。比如,论商业银行中间业务与核心竞争力这一题目就有选题不集中的毛病。观此题目,我们不知道作者的研究重点在哪里,作者的意图是通过优化中间业务来提高核心竞争力?还是通过提高核心竞争力

---

① 毛泽东. 毛泽东选集:第一卷[M]. 北京:人民出版社,1991:309－310.

② 严中平. 科学研究方法十讲[M]. 北京:人民出版社,1986:50.

来拓展中间业务？

3. 选好切入点

这同样非常重要，同一个问题从不同角度切入进行研究，效果殊异。古人讲“横看成岭侧成峰”就是这个道理。观察问题要有新的切入点、新的视角。选好切入点，有些问题就豁然开朗了，甚至有些很难缠的题目看似“山重水复”，由于新切入点的选取也可能“柳暗花明”。比如，2008 年 9 月全球金融危机爆发之后，世界各国都面临需求不足和通货紧缩的巨大压力。我国则是奋力“保八”，千方百计推动经济增长。在消费不振、投资下降、出口受阻这一国内外环境下，只有实施积极的财政政策与宽松的货币政策来扩大政府投资增加银行贷款。为此，中国政府出台了 4 万亿元一揽子投资计划，货币信贷天量增长（2009 年新增信贷 95957 亿元，同比增长 98.72%；新增货币供给 131034 亿元，同比增长 27.58%）。此对经济“V”型复苏和“保八”任务的完成功不可没，但货币信贷天量增长不仅诱发了强烈的通胀预期，更延缓了转变经济增长方式步伐，进一步扭曲了经济结构（比如所有制结构上的国进民退、经济增长更依赖投资驱动等）。

从理论讲，为了应对全球金融危机，就是在 $C+I+G+(X-M)=$ GDP 的左端 C、I、$(X-M)$ 都下降的情况下进一步增加政府变量 G，将 G 转化为 ΔC 和 ΔI；同时，通过扩大银行信贷投放来刺激消费 C，使 C 转化为 $C+\Delta C$，鼓励投资 I，使 I 转化为 $I+\Delta I$。诚然，我们必须明确认识到，在 $C+I+G+(X-M)$ 中，C、I 和 $(X-M)$ 都是内生变量，只有 G 是外生变量。要推动经济增长，从政府角度看，只有从外生变量入手。显而易见，这里存在最佳切入点的选择问题。自然，在经济形势发生逆转，存在通货膨胀压力时，则只有推动相反方向的政策操作。

经济学说史上，凯恩斯是选题艺术的典范，在其革命性著作《就业、利息和货币通论》中凯恩斯进行了一系列革命性创新：挪移了经济学的研究对象（从充分就业均衡到非充分就业均衡）；改进了经济学研究方法（从个量分析到总量分析）；刷新了经济调控手段（从自由放任到国家干预）。更重要的是，凯恩斯在经济学说史上第一次找到了政府干预经济的外生变量：“我们的最后任务，也许是在我们实际生活其中的经济体系中找出几个变数，可以由中央当局来加以统制或管理。”[1]

4. 自由选题与命题作文

一般而言，选题应自己定，你对什么选题感兴趣，有心得体会，就选什么题目去写作。这样，往往会自然而然，水到渠成。这是科学研究与论文写作的一般状态即常态。当然，也可以命题作文。在导师非常熟悉研究生知识结构、学术专长和个人性情的情况下，也可以给学生出题目让学生去写作，这就是研究生命题作文了。无论是自由选题还是命题作文，关键在于选题要有理论价值和现实意义。同时，还必须有研究者对选题的心得体会。否则，一切都是空的。

① 凯恩斯.就业、利息和货币通论[M].北京：商务印书馆，1983：210.

研究生学位论文写作若干理论问题辨析
——以金融学专业为例

撰写学位论文是培养研究生批判性思维及创新能力的有机环节，在研究生培养过程中具有极其重要的作用。但近年来研究生学位论文质量滑坡却是不争的事实。深入探讨研究生学位论文写作中的“问题意识”、文献综述、数学模型应用、研究生学位论文与一般学术论文的差异、研究生学位论文的创新标准等热点和难点问题，对于培养研究生批判性思维和创造力，对于提高研究生学位论文写作质量无疑具有特别重要的意义。

一、仅有“问题意识”够吗？

在研究生学位论文写作中，不少的导师都要求学生要有“问题意识”，强调论文写作要坚持“问题导向”。这种思路无疑是正确的。诚然，现在不少的研究生学位论文缺乏研究问题，没有真正找到有价值的经济金融研究现象，给人的感觉是“无病呻吟”。这种倾向令人忧虑。但问题还有另一方面，即有了研究问题之后，还必须有关于研究问题的研究成果。其实，金融论文写作过程就是金融研究成果的再现过程。没有研究成果就没有资格也无法从事学位论文的写作。当然，这一问题关乎选题的原则。选题的原则纵有千条万条，但最基本的原则无非是两条：一是选题的理论价值和现实意义；二是作者自己对研究问题的心得体会(流行的说法叫创新)。前者是选题的必要性，后者是选题的可行性。必要性和可行性的有机结合才是选题的最佳途径。比如说，“新中国金融事业 60 年”这样的选题有没有理论价值和现实意义？答案显然是肯定的。新中国金融事业 60 年的发展历程有太多经验值得总结，有太多教训需要吸取。对之深入研究意义是重大的。但这样的选题太大了。这样的选题需要数百人甚至上千人组成课题组来研究新中国金融事业的方方面面。对博士生、硕士生而言，这样的选题没有力量完成，故不可能是合适的选题。再比如，“商业银行中间业务发展研究”这一选题有没有现实意义？当然是有的，学生也有力量完成。但流于商业银行业务层面，理论张力不够，创新空间太小，也不适宜作为选题。当然，上面是两个比较极端的例子。可行的选题范围在于理论价值、现实意义(A)与作者个人对选题的创新性研究成果(B)之间的均衡区域中，它是一个开区间(A,B)。

二、文献综述是“复数”还是“单数”？

文献综述是研究生学位论文写作的开端，在学位论文写作中举足轻重。没有高质量的文献综述就不可能有高质量的研究生学位论文。文献综述的写作是由学术研究的继承性和开放性决定的，其写作目的是为了导出研究问题，找到研究问题的逻辑起点。

目前研究生学位论文的文献综述写作中比较常见的一个问题是，不少学位论文多个文献综述并存。此问题常见于当今比较流行的“基于 A 的 B 研究”或“A 时期的 B 研究”这种题目。本来，“基于 A 的 B 研究”或“A 时期的 B 研究”这样的题目，其研究重心是“B”而不是“A”，但作者的文献综述却是“A”和“B”并存。显然，此种文献综述和论文的研究中心不符。比如，“通货紧缩时期的货币政策研究”这一题目，作者的研究中心应当是“货币政策”，“通货紧缩时期”或“通货紧缩”只是“货币政策”发挥作用的背景与环境，而作者的文献综述却是“货币政策”和“通货紧缩”兼而有之。显然，此种文献综述和研究问题是不匹配的，违反了文献综述的“单数”写作原则。多个文献综述并存反映出作者研究问题不集中，在论文写作过程中难免轻重不分而顾此失彼。简而言之，一篇学位论文的文献综述不应是“复数”而应该是“单数”。

当然，文献综述写作中还必须遵守“经典性原则”等。文献综述的“复数化”写作自然偏离了研究主题，若文献综述违背“经典性原则”，则学位论文在继承方面难以介入学术前沿，达到“顶天”的境界，也难逃“矮人看戏”、人云亦云的命运。

三、数学模型万能吗?

改革开放40多年来,随着西方经济学在我国的普及和流行,我国经济学、金融学研究水平确实有很大的提高。一个显著的标志就是研究方法和手段方面取得了巨大进步,经济学、金融学研究中数学模型的应用日益成为潮流。这比过去盛行定性研究,动辄引用马列经典的教条主义以及经济学、金融学仅局限于诠释现行经济金融政策、论证政策的合理性、可行性等当然是巨大的进步。但毋庸讳言,我国经济学、金融学界目前盛行的数学模型潮流中有许多不合理的成分且在研究生学位论文写作中也有突出的表现。不少的研究生学位论文往往数学模型一大堆,既格兰杰因果检验,又协整分析等,但推导出来的研究结论却仅仅是经济学、金融学的常识而已。个别的研究结论甚至连经济学、金融学的常识也算不上。这种不分对象地过度利用甚至滥用数学模型的倾向是令人担忧的。

经济学和金融学都是致用之学。它们的价值在于分析经济金融现象,寻求经济金融现象背后的规律。数学模型只是经济学、金融学研究的诸多工具之一,远不是经济学、金融学研究方法的全部,更不是唯一的研究方法。

对于经济学、金融学研究对象的复杂性、不确定性,以及研究方法上的滥用数学模型,经济学说史上早有清晰的说明和批评之声。

早于1936年,凯恩斯就明确指出:"从马尔萨斯以来,职业经济学家虽然并不因理论与事实不符,而有动于中,但常人却已觉察到这种不符情形,结果他们逐渐不愿意对经济学家,像对其他科学家那样尊敬;因为后者之理论结果,当应用于实际时常可以用观察证实,而经济学则不然。"[①]他又说:"各种社会科学皆然,经济学尤其如此,因为我们往往不能以一己思想,以逻辑的或实验的办法,做决定性的试验。"[②]由此可见,早在80多年前,凯恩斯即对经济学的非精确性已有非常明确的论述。

---

① 凯恩斯.就业、利息和货币通论[M].北京:商务印书馆,1983:32.

② 同①3.

经济学说上对数理经济学的盲目迷信由来已久。对此，凯恩斯也进行了无情的嘲讽。凯恩斯说："近代所谓'数理'经济学，太多一部分只是杂凑，其不精确一如其开头所根据的假定；而其作家，却在神气十足但毫无用处的符号迷阵中，把现实世界中之复杂性与息息相通性置诸脑后了。"①

我国经济学家林毅夫对西方经济学中数学模型应用比较广泛的原因讲得很明白。他说："自 20 世纪 50 年代以后，数学在经济学中的应用特别多。……在美国各行各业的经济学家有五万多，单单在大学教书的就有一万多，尤其是在大学教书的教授必须不断写论文，可是又没有多少新的问题可以研究，因此大部分的人会倾向于比技巧。"②由此可见，西方市场经济的发展已有数百年，各种经济现象都被经济学家广泛涉猎过了，很少有新的有价值的经济现象可供研究，故经济学家才不得不"炒冷饭"，在老问题上比拼研究方法即数学工具的技巧。

我国是新兴市场经济体，改革开放进程中各种经济问题层出不穷。由此，经济学、金融学专业的研究生们大有用武之地，应该有眼光去发现新问题，取得新成果，大可不必在研究方法方面过度应用数学模型而耽误研究新问题，浪费取得新成果的大好时机。

四、学位论文等于一般学术论文？

学位论文与一般学术论文既有联系，又有本质的区别。这种区别具体体现在写作目标、写作要求、读者对象和评价标准等四个方面。

很显然，研究生学位论文的写作目标是通过答辩取得学位，此于一般学术论文写作的期刊发表目标是完全不同的。

研究生学位论文的写作要求是双重的：既要体现作者在自己所学专业领域的深厚学术背景和学术修养，又要反映作者的专业学术水平。当然，深厚学术背景和学术修养是通过论文的学术水平体现的。一般学术论文的写作要求相对简单，仅体现学术水平，达到期刊发表要求即可。

① 凯恩斯．就业、利息和货币通论[M]．北京：商务印书馆，1983：256－257.

② 林毅夫．论经济学方法[M]．北京：北京大学出版社，2005：13.

研究生学位论文与一般学术论文的读者对象不同。前者读者对象为论文评阅教授和论文答辩委员会的专家学者;后者的读者对象是期刊编辑。现在,不少学术期刊引入了双盲审稿程序。在此原则下,论文盲评专家也是期刊论文的读者对象。

研究生学位论文与一般学术论文的评价标准亦不相同。研究生学位论文的评价标准是通过评"文"进而评"人",考查论文作者是否应该授予相应学位;一般学术论文的评价标准相对单一,仅考查论文是否达到发表水平。

研究生学位论文与一般学术论文的区别可简单归纳如下(见表9)。

表9　研究生学位论文与一般学术论文的区别

	博士、硕士学位论文	一般学术论文
写作目标	通过答辩,取得学位	期刊发表
写作要求	双重要求:既体现学术水平,又要体现深厚的专业背景和学术修养	单一要求:体现学术水平
论文读者	论文评阅专家;答辩委员会专家学者	期刊编辑部编辑;论文评阅专家
评价标准	双重标准:通过评"文"进而评"人"	单一标准:评"文"

五、超过导师是否构成创新的标准?

诚然,"创新是一篇博士论文的灵魂。称得上科学研究成果的论文,一定要有新发现(findings)、新假设或新理论。"[①]那么,创新的标准又是什么呢?有的研究生导师认为,博士研究生论文的创新标准在于超过导师。"博士生的论文工作,如果不能在某些方面超过导师,那么就没有创造性,就不能达到博士论文的学术标准,就不能算合格的博士生。"[②]"博士生之所以区别于硕士生,就在于博士生在所从事研究的这

① 李怀祖.管理研究方法论[M].西安:西安交通大学出版社,2000:251.

② 《学位与研究生研究》编辑部.导师论导:研究生导师论研究生指导[C].北京:北京理工大学出版社,2008:396.

个领域里应该超过导师。”[①]应该说，这种愿望是值得钦佩的，体现了导师为人师表的博大胸怀，也体现了导师对学生学术发展的美好期待。但超过导师是否能够成为创新的标准似有待商榷。

自1901年严复翻译出版《原富》(现流行译本名为《国民财富的性质与原因的研究》)经济学始作为西学被输入中国。“说来不怕笑话，中国近代和现代的经济学都是舶来品，主流经济学教授也都是外国经济学的学生。”[②]现流行于中国学术界的“西方经济学”的学科名称可谓一语道破了中国经济学人的尴尬与辛酸。客观地说，中国的经济学研究水平落后于西方(主要是英美)确实太多了。“言人之所言，联系中国实际谈点启迪和体会性意见就是创新了，充其量不过是仿生学。就像邯郸学步，需要扶墙走，这墙就是西方经济学。”[③]

严格地说，真正意义上的学术创新是应该突破、超越某一研究问题的世界认识记录。道理很简单，学术创新只有“世界第一”而没有“中国第一”。由此，我国经济学(包括金融学)的导师们中又有多少是某一研究专题的“世界第一”呢？超过导师又能否构成经济学学术创新的标准？

当然，“世界第一”的创新标准实在是太高了。我们不能要求所有的博士学位论文都达到“世界第一”的学术水平。毕竟，博士生在校攻读学位的时间只有三五年，取得世界级的学术成果往往是学者终生奋斗的结果。但是我们必须也应该让学生明了什么是真正的学术创新。“眼高”未必能够“手高”，但“眼低”则必然“手低”。

抱持实事求是的态度看待创新，有一种观点认为“创新是多方面的，有理论创新、技术创新、方法创新；创新是多层次的，有国际领先、国内领先、行业领先。”[④]还有一种观点将创新区分为“原始性创新”和“继承性创新”。“原始性创新就好比你建造了一座新的大厦；而继承性创

---

① 《学位与研究生研究》编辑部.导师论导：研究生导师论研究生指导[C].北京：北京理工大学出版社，2008：141.

② 胡培兆.想拿诺奖，还得从教育抓起[N].环球时报，2009-10-26.

③ 同②.

④ 同①370.

新，好比别人已将大厦建好，你再在大厦上安上一道漂亮的窗子。”[①]这些观点是比较客观的。对于经济学和金融学研究水平相对落后的我国而言，博士、硕士学位论文做些踏踏实实的“继承性创新”，达到理论、技术、方法等方面的国际、国内、行业领先水平是值得追求也可能实现的目标。一切渴望创造、有志于攀登科学高峰的青年学子应该有这样的学术勇气和学术目标。

① 《学位与研究生研究》编辑部．导师论导：研究生导师论研究生指导[C]．北京：北京理工大学出版社，2008：346．

论经济学学位论文的构成要素和结构
——以金融学学科为例

客观地说,目前我国博士、硕士学位论文质量下降已引起社会各界有识之士的深深忧虑。形成原因自然是多方面的。其中,研究生对学位论文构成要素和一般结构不甚清楚是原因之一,笔者拟就经济学学科学位论文的实质构成要素和一般结构谈点自己的粗浅意见。

一、学位论文的实质构成要素

经济学学位论文的实质构成要素包括研究问题、主题与创新点、分析论证、研究结论、内在逻辑和语言文采等。

1. 研究问题

一篇学位论文总得研究某一问题或某一问题的某一个方面。没有要研究的问题是很难形成真正的学位论文的。缺乏有价值的研究问题,也就没有学位论文绪论写作中的“选题背景与研究意义”了。由此,研究问题就是一篇学位论文的首要构成要素,也是撰写学位论文坚持“问题导向”的题中应有之义。

现在,不少学位论文缺乏对研究问题的凝练。此类缺乏研究问题的学位论文“最大的问题”就是“没有问题”,给人的感觉就是“为赋新词强说愁”“装腔作势”“无病呻吟”,这是学位论文写作的大忌。自然,明确研究问题是研究生在学位论文选题阶段的主要任务。

2. 主题与创新点

“创新是一篇博士论文的灵魂。称得上科学研究成果的论文,一定要有新发现(findings)、新假设或新理论。”[①]严格地说,没有学术创新即没有资格撰写学位论文。如果说研究问题是研究生学位论文写作的首

① 李怀祖.管理研究方法论[M].西安:西安交通大学出版社,2000:251.

要因素，那么，创新点则是研究生学位论文写作的关键因素。

当然，"要创新，不要标新。标新是伪造你所没有的东西，创新则是去发现你已经拥有的东西。每个人都有太多的东西尚未被自己发现，创新之路无比宽广。"[①]如读经济学说史，常令人产生高山仰止的慨叹，似乎所有的经济学问题都有前辈经济学家研究过了，并取得了令人惊叹的研究成果。其实，经济学研究远没有达到尽善尽美的程度。2008年以美国为爆发地的全球金融危机，当时全球经济学家(包括健在的经济学诺奖得主们)并没有人有准确的预测和示警。金融危机到来之时，也没有人能够开出"药到病除"的药方。时至今日整整12年过去了，全球金融危机的阴影仍然难以去除。这充分说明经济运行有其固有的、神秘的内在规律，而对此规律人类还没有深入掌握。经济学仍然是激动人心的探索领域。

3. 分析论证

有了研究问题和创新点，还要有对研究问题的分析论证，有对创新点的证明。只有这样，才能够使人相信创新的真实性和可靠性。毕竟人类已进入21世纪，不是我们的至圣先师孔子所处的时代了。《论语》不可能成为今天的研究生撰写学位论文的典范，一句经典语录更是构不成学位论文。在西方，经济学研究的门槛很高，要有高深的数学基础，分析论证中甚至必须有数学推导。当然，对数学的运用应该以说明问题为要，绝不可滥用数学工具，毕竟经济学不是数学，数学只是经济学研究过程中使用的"奴仆"而不是经济学的"主人"。当前，不少的经济学(包括金融学)学位论文有滥用数学工具的不良倾向，这是值得反思的。

4. 研究结论

有研究问题，有创新点，有对研究问题的分析论证以及对创新点的证明，要得出研究结论就会水到渠成。需要强调的是：研究结论不同于研究结果。研究结果只是根据实际材料分析论证出来的东西，而研究结论则要进一步将研究结果的理论价值和现实意义深刻地揭示出来。

---

① 周国平．另一种存在[M]．南京：凤凰出版传媒集团，译林出版社，2011：212.

自然，研究结论应该清晰表达，最好条陈出来。

5. 内在逻辑

有研究问题，有创新点，有对研究问题的分析论证和对创新点的证明，有研究结论，还有一个要求，就是要把研究问题，创新点，对研究问题的分析论证、研究结论富有逻辑地组织起来并清晰地展示出来，要保证论文内在逻辑上的一致性，否则，可能产生研究对象不必要的混乱。

6. 语言文采

古人云：言而无文，行之不远。经济学研究论文毕竟不是实验报告，多少得有点文采，有点可读性。自然，经济学研究论文要有优秀的语言文采不容易，这需要作者具备相对厚实的文史哲功底。由此，经济学研究者应该尽可能扩大读书范围。

金融学是经济学门类下的一个二级学科，下面以一篇完整的金融学学位论文为例，说明上述六大实质要素缺一不可。打个不恰当的比方，金融学研究生学位论文的上述六大实质构成要素好比一部“电影”，应有“男一号”“女一号”和“群众演员”等。只有将电影中的各种角色有效组织起来，才能形成有声有色的剧情，构成有价值的“电影”。学位论文作者则要成为高水平的“导演”。这种对学位论文实质构成要素的精心组织，也就是文学创作中所谓的“布局谋篇”。

为了清晰地表述金融学研究生学位论文各实质构成要素及其性质，笔者简单归纳成表10。

表10 金融学研究生学位论文的构成要素及其性质

构成要素	构成要素的性质	在学位论文中的地位
研究问题	研究问题是金融研究的首要构成要素 没有问题即不需要进行研究，更没有必要撰写论文 只有真问题，才有真学问	首要因素
创新观点	创新是研究生学位论文的生命和灵魂 没有创新点即没有资格撰写论文	关键因素

续表

构成要素	构成要素的性质	在学位论文中的地位
分析论证	只有对研究问题与创新观点的充分分析论证，才能够使人相信创新的真实性和可靠性	保障因素
研究结论	研究结论是研究论文的归宿 研究结论应该是与众不同的，要有所发现，有所前进	自然结果
内在逻辑	只有学位论文内在逻辑上的一致性，才能够保证创新观点的真实性和可靠性	科学性要求
语言文采	缺乏语言文采的研究论文很难吸引读者的注意力	语言要求

二、学位论文的一般结构

仍以金融学学位论文为例，其一般结构包括以下要素：标题、摘要、关键词、目录、绪论、文献综述、理论模型、经验实证、研究结论、参考文献、附录（必要时）等。

上述结构要素对一篇金融学学位论文而言缺一不可。其中，标题、摘要、关键词、目录是学位论文的前置部分；绪论、文献综述、理论模型、经验实证、研究结论和参考文献是学位论文的正文部分，且正文部分中的理论模型和经验实证则是金融学学位论文的核心部分。学位论文的前置部分和正文部分是有机统一的整体，缺乏任一部分的学位论文都是不完整的。

金融学学位论文一般结构中各要素的性质和地位是不同的，其写作方法和写作要求也有所区别。现简要将主要要素归纳成表11。

表11　金融学学位论文一般结构各主要要素及其性质

	论文摘要 关键词	文献综述	理论模型 与经验实证	研究结论	参考文献
在论文写作中的地位	窗口 眼睛	基础 前提	主体 （核心部分）	有别于别人的自己的创新与特色	基础 前提
产权归属	自己的	别人的	自己的创新	自己的创新	别人的
写作方法	归纳方法	历史方法 与逻辑方法	多种方法并用	归纳方法	历史方法
写作要求	清晰 具体	“搜尽奇峰打草稿”；竭泽而渔	观点标新立异；论证扎实有力	清晰、具体、最好条陈	诚实是最好的选择

从笔者审阅的一些金融学研究生的学位论文来看，其一般结构还存在许多问题。仅学位论文的前置部分即标题、摘要、关键词、目录等，存在问题有[①]：

1. 标题不醒目，不能反映论文的主题思想

最常见的标题只是反映了论文研究的领域，比如《关于……的思考》《关于……的研究》《基于A、B、C、D的E研究》等，这样的标题太过平常。《基于A、B、C、D的E研究》给人的感觉是有些故弄玄虚。若真正要研究“E”，可以将题目简化为“E研究”即可，没有必要将作为“背景”或“方法”的A、B、C、D贴在标题上。不贴在标题上并不影响将其作为“背景”分析或作为“方法”应用。最好的标题要能够反映论文的精神和主题，让人一看就明白作者要说什么，清清楚楚。比如丁鹄研究员发表于《金融研究》上的论文《向慢性通货膨胀论者进一言》，一看标题，读者就知道作者对通货膨胀的态度和写作的意图。

2. 摘要不简洁明了

具体表现是，在摘要中用不少篇幅大讲其论文结构，第一章是什么，第二章是什么，……，等等。摘要不是论文目录，论文结构可在绪论

---

① 崔建军. 金融研究方法论[M]. 北京：高等教育出版社，2012：114-115.

中说明。论文摘要主要应介绍论文“研究了什么问题，采用了什么方法，得出了什么有价值的有别于别人的研究结论”。论文摘要不要长篇大论，铺陈太多；不要自我推销，用不当的形容词；不要问题回顾、不要文献综述、不要概念和名词解释、不要列示图表等。

当然，不少院校要求研究生在学位论文摘要中要介绍作者的创新。创新自然可以介绍，但作者宜以第三人称客观介绍自己的研究工作。创新点的介绍必须清晰、具体、实在，切忌空谈。不少学位论文创新点的介绍模糊不清，模棱两可。例如只说“做了”“研究了”“分析了”“论证了”“构建了”什么，而不说“做出了”“研究出了”“分析出了”“论证出了”“构建出了”什么具体的东西，一字之差，相距何止千万里。此外，有的学位论文创新点的介绍中讲自己建立了“研究框架”“分析框架”云云。其实，“研究框架”“分析框架”本身并不是创新，重要的是从“研究框架”“分析框架”中推导出了什么有别于别人的新的有价值的研究结论。日常见到的作者自己写“本文具有重大的理论价值和现实意义”“本文分析透彻、富有逻辑”“本文无疑做出了独创贡献”云云，事实上是学术论文写作的大忌。论文有无创新、有无贡献不是作者自己说了算，而要由论文评阅人和答辩委员会的专家学者做出独立的价值判断。

摘要是论文的“窗口”，必须精雕细刻，字斟句酌，不可马虎从事。摘要的撰写须言简意赅，千锤百炼。

3. 关键词不能表示全文主题内容信息

一般而言，关键词要选择最能体现论文全文主题内容信息的单词或术语。有些学位论文的关键词使用动词，比如有一篇题目为《中小企业信贷融资影响因素及相关策略研究》的博士论文，其关键词包括中小企业、信贷融资、信息不对称、制度、构建。其中“构建”一词为动词，是误用。因为我们从“构建”一词当中难以琢磨论文的内容。另外，有些学位论文的关键词是名词，但用得也不合适。比如，有一篇题目为《中国转型期消费信贷问题研究》的博士论文，其关键词为中国、转型经济、消费信贷。其中的“中国”一词好像也没有必要列入。此外，关键词不宜太多，有 3～5 个词就足够了。

4. 目录不能体现论文研究内容的逻辑性

部分研究生的学位论文目录编制比较混乱。比如:学位论文的目录一般是在各章下设节,各节下设目;有的学位论文目录却是部分节下设目,部分章下只有节而没有目,给人的感觉是结构非常不协调;更有甚者,有些学位论文目录明显“缺块”:从“文献综述”直接就到“实证分析”了,这其中明显缺乏“理论分析”板块,跳跃太大;有些学位论文各章之间缺乏应有的逻辑关系甚至存在明显的逻辑矛盾。对逻辑关系不清晰或存在明显逻辑矛盾的论文,就只有将结构“打碎”,进行新的排列组合。当然,论文目录上的逻辑矛盾,其实质反映的是研究内容之间的矛盾,研究内容之间的矛盾反映的是作者逻辑思维的混乱。

对研究生来说,初学写作,结构是比较困难的。经常看到的现象是:不少研究生把相关度不高甚至性质完全不同的材料塞进同一篇学位论文中。作者可能自认为自己苦心积累材料不易,都要在论文中体现出来。却不知这样做会完全破坏了论文内在逻辑上的一致性,破坏了论文的整体结构。

为了保持学位论文内在逻辑上的一致性和整体结构的严整,必须忍痛割爱,将相关度不高甚至性质完全不同的材料从论文中大胆删除掉。

三、学位论文实质构成要素与一般结构的关系

马克思说:“研究必须充分地占有材料,分析它的各种形式,探寻这些形式的内在联系。只有这项工作完成之后,现实的运动才能适当地叙述出来。这点一旦做到,材料的生命一旦观念地反映出来,呈现在我们面前的就好像是一个先验的结构了。”[①]由此可见,学位论文的研究过程与写作是不同的,是先有研究过程并取得研究成果,而后才是反映研究成果的论文写作(这种先有研究成果而后才有论文写作在一定意义上可以理解为“主题先行”)。因此,要理清学位论文的实质构成要素与一般结构的关系。

---

① 马克思.资本论:第一卷[M].北京:人民出版社,1975:23.

1. 实质构成要素寓于一般结构之中

如果说主题是研究生学位论文的"灵魂",学位论文的实质构成要素是论文的"血肉",那么一般结构就是论文的"骨架"。"灵魂"和"血肉"绝不是单独存在的,它们有机地寓于"骨架"之中并通过"骨架"体现出来。

2. 一般结构必须具体体现学位论文的实质构成要素

构建了强有力的"骨架","灵魂"和"血肉"才能有所寄托,有所依附,才能把论文的主题和材料有效地编织起来,构成有机整体。学位论文的一般结构必须具体体现学位论文的实质构成要素。否则,所谓"骨架"就是空的也会成为没有价值的东西。

缺乏"灵魂",学位论文如行尸走肉,仅是材料一堆;缺乏"血肉",学位论文自然苍白无力;缺乏"骨架",学位论文便难以树立。

知识结构·素质要求·创新能力
——以金融学专业研究生为例

一、金融学专业研究生的知识结构

金融学专业研究生究竟应该具备怎样的知识结构，不同的导师可能有不同的看法，研究生自己也可能存在不同的理解。我个人认为，金融学专业研究生的知识结构大致体现在以下五个方面：

1. 经济学基础

金融是经济活动的主要领域之一，金融学是应用经济学的一个分支。因此，要研究金融，首先必须打好扎实的经济学基础。没有扎实的经济学理论基础，金融研究者在金融研究的道路上就走不下去，也难以取得较大的学术成就。就经济学基础而论，首先要熟读经典的经济学教科书。目前流行于我国高校的经济学教科书主要是三本：萨缪尔森的《经济学》、斯蒂格利茨的《经济学》和曼昆的《经济学原理》。此三本书当中，萨氏的《经济学》为最，它已走过了半个多世纪的历程，被喻为"金色的诞辰"，翻译为数十国文字，是全球公认的经济学教科书的高峰之作，在经济学教育史上发挥了巨大的作用。萨氏的《经济学》博大精深，不仅可以当作经济学的入门教科书阅读，也可以当作经济思想史著作阅读。对萨氏的《经济学》教科书，我们应该格外重视。

2. 金融学基础

金融学发展已有百年的历史，具有相对深厚的学术积淀。金融学专业研究生宜首先继承已有学术传统，而后在继承的基础上实现创新。就金融学基础而言，首先要学习米什金的《货币金融学》、博迪和默顿的《金融学》、饶余庆的《货币银行学》和黄达的《金融学》。以此作为入门，可奠定进一步学习、研究金融学的初步基础。

3. 作为经济学基础、金融学基础的基础

在熟读经济学、金融学教科书的基础上，方可沿着经济学说史的指导，循序阅读经济学和金融学名著，以打下从事经济学和金融学研究的扎实理论功底。

作为经济学基础、金融学基础的基础，这里是指潜藏于经济学、金融学基础教科书背后的经济学著名论著，比如亚当·斯密的《国富论》、马克思的《资本论》、凯恩斯的《就业、利息和货币通论》、阿尔文·汉森的《货币理论和财政政策》、弗里德曼的《美国货币史》等。一个人读的经济学、金融学名著越多，其学术功底就越深厚。不读经济学说史，不读经济学名著，就难以深入研究经济学和金融学并取得显著的学术成就。

4. 数学和统计学基础

历史上，经济学素有崇尚数理分析的传统。1690 年，英国古典政治经济学之父威廉·配第的《政治算术》是人类历史上最早使用数学方法研究经济问题的著作，我国著名经济学家王亚南先生在《威廉·配第〈赋税论〉出版三百年》一文中明确指出，威廉·配第“在现代计量经济学上的开山祖的地位，和他在政治经济学上的奠基者的地位，是一样无可争议的”[①]。1930 年欧美经济学家发起成立计量经济学会，标志着西方经济学界对经济学数理研究方向的集体努力；1969 年计量经济学家拉格纳·弗里希(Ragnar Frisch)和简·丁伯根(Jan Tinbergen)荣获首届诺贝尔经济学奖，一定意义上进一步强化了经济学的数理研究方向。经济学作为一门演化的科学一直沿着数理分析的方向前进。伟大的经济学家熊彼特也强烈认为：一位经济学家，如果不同时是一位数学家，一位统计学家，特别最重要的是一位史学家，那就不配作为经济学家[②]。而今，作为应用经济学的重要组成部分的金融学已发展出金融工程学分支。由此，金融学专业研究生应该具备一定的数学基础和统计学基础。

---

① 配第. 赋税论、献给英明人士、货币略论[M]. 北京：商务印书馆，1963：xiii.

② 熊彼特. 经济分析史：第一卷[M]. 北京：商务印书馆，1991：xxii.

5. 文、史、哲、外语基础

除了上述经济学基础，金融学基础，作为经济学基础、金融学基础的基础，数学和统计学基础外，金融学专业研究生还应该具备一定的文、史、哲、外语基础。其实，文、史、哲、外语基础不仅是金融学专业研究生的知识结构元素，一切接受过高等教育的人们都应该具备一定的文、史、哲、外语基础。这就是我们的履历表中不管是学工的、学农的、学医的、学外语的等等，都在“文化程度”一栏中体现接受教育程度的理由。

为了清晰地表述金融学专业研究生的知识结构，特简单归纳，见表12。

表12 金融学专业研究生的知识结构

知识结构	阅读经典著作
经济学基础	萨缪尔森的《经济学》、斯蒂格利茨的《经济学》和曼昆的《经济学原理》、经济史、经济思想史等
金融学基础	米什金的《货币金融学》、博迪和默顿的《金融学》、饶余庆的《货币银行学》和黄达的《金融学》、金融史、金融学说史等
作为经济学基础、金融学基础的基础	亚当·斯密的《国富论》、马克思的《资本论》、凯恩斯的《就业、利息和货币通论》、阿尔文·汉森的《货币理论和财政政策》、弗里德曼的《美国货币史》等
数学、统计学基础	数学分析、国民经济统计学、数理统计学等
文、史、哲、外语基础	唐诗、宋词、古文观止、经典哲学和历史学著作、英语等

自然，上述金融学专业研究生的知识结构，只是我个人心目中金融研究者应该具备的理想的学术修养。不过，有一点是非常清楚的，在相同的经济学、金融学专业理论基础背景下，一个人取得成就的大小，毫无疑问取决于专业理论基础之外的数学、统计学以及文、史、哲、外语基础的厚薄。此恐怕就是大诗人杜甫所说的“汝果欲学诗，功夫在诗外”了。

对于扩大读书范围的重要性，我国著名语言学家王力先生更有朴实、深刻的说明：“我们研究一门学问，不能说限定在那一门学问里的书我才念，别的书我不念。你如果不读别的书，只陷于你搞的那一门书里边，这是很不足取的，一定念不好，因为你的知识面太窄了，碰到别的问题你就不懂了。过去有个坏习惯，研究生只是选个题目，这题目也相当尖，但只写论文了，别的书都没念，将来做学问就有很大的局限性。”①很清楚，王力先生上述话，就是教导青年学子读书要尽可能广博些。鲁迅先生讲：“采了许多花，然后才能酿出蜜。”也有广泛读书的意思。

就金融学专业研究生的知识结构而言，应该以经济学、金融学基础为核心，向外圈逐步推进。并且，向外圈推进的范围越广阔、越辽远，其知识结构就越强大。有些博士生将自己的学习目标定位为“博大精深”，这种愿望自然是美好的，也是值得肯定的。但是，博士生学习时间有限，只有 3～5 年，要实现“博大精深”的学术目标不太现实。“博大精深”往往是一切学者终生追求的目标，但也不是所有人都能如愿以偿的。博士生就读期间，只能追求有限目标，充分优化知识结构，为生平学术研究奠定坚实的基础。

金融学专业研究生的知识结构，见图 8。

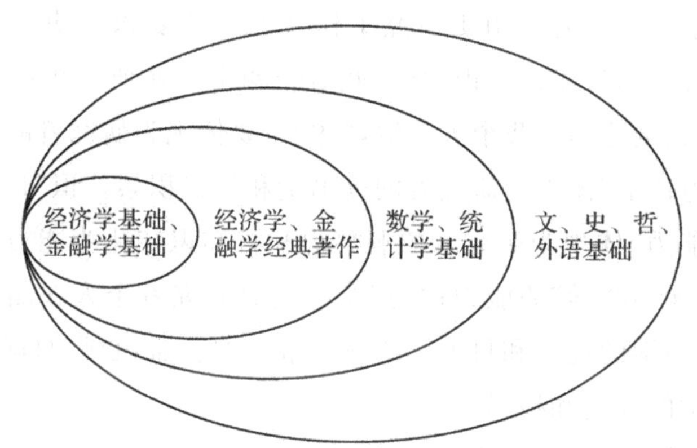

图 8　金融学专业研究生的知识结构

金融学基础越牢靠，作为金融学基础的经济学基础越扎实，作为经济学基础、金融学基础的基础越厚实，文、史、哲、外语基础越厚重，其研究力量就越强大，取得卓越学术成就的概率就越大，也越有可能成就藏之于名山的学术事业。美国历史学家史华兹说：“最根本的一点是(话

① 浙江日报编辑部. 学人论治学[M]. 杭州：浙江文艺出版社，1983：136.

虽陈旧，但说的是实情)，一个人无论是什么学科背景，他的整体文化素养(或者说他的'整个教育')越广博，越深厚，他就越愿意调动(事实上是越有能力调动——引者注)他所拥有的一切才智来作用于他正在探讨的问题。这种才智不论是否来自其学科的'方法论'，都能够增加他说出有意义的东西的可能性。相反，如果用独立自足的(self-contained)'模式'或'体系'来狭隘地看待某个孤立的'学科'，并把它机械地运用于一种文化(无论是当代的还是'传统的')，而一个文化修养有限的人对这种文化的任何其他方面又没有做过什么研究，就会导致没有创造性的，甚至是荒谬的结果。"[①]史华兹的话并不陈旧，确是实情，值得我们高度重视。

一切有志于攀登金融科学理论高峰的青年学子，都应该有勇气最大限度地扩展自己的读书范围。

二、金融学专业研究生的素质要求

历史学家几乎公认历史研究工作者的素质要求为史才、史学、史识、史德，可简称为才、学、识、德。此对金融学专业研究生的素质要求而言，同样完全适用。我个人理解，"才"主要体现为研究者的天赋和抽象思维能力；"学"体现为研究者的读书量和知识积累；"识"是统驭"才"和"学"的能力，体现为研究者的洞察力和将知识转化为能力的能力和有效配置"才"和"学"的能力；"德"主要是对研究者个人在品质上的要求，此关乎治学的境界和目的。心胸是事业的容器，心胸的宽广与否直接关乎治学的气度和格局。

在才、学、识、德的普遍要求下，在经济学基础，金融学基础，作为经济学基础、金融学基础的基础，数学和统计学基础，文史哲及外语基础等五个方面的知识结构之上，金融学专业研究生的素质要求具体体现在以下四个方面：系统掌握经济学、金融学的理论基础；熟练使用经济学、金融学的分析方法；具有提出问题、分析问题、解决问题的研究能力；具备"再现"金融研究成果的写作能力。

① 李剑鸣.历史学家的修养与技艺[M].上海：上海三联书店，2007：4－5.

金融学专业研究生的素质要求可简单归纳为图 9 所示内容。

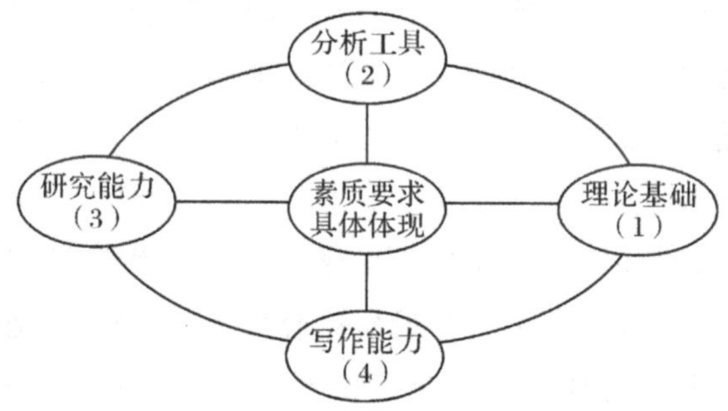

图 9 金融学专业研究生的素质要求

在图 9 中，构成素质要求的四个因素分别是理论基础、分析方法、研究能力和写作能力。诚然，四个方面素质要求不是等量齐观的并列关系。其中，理论基础和分析工具更具基础性质，它们一起决定后两个素质要求即研究能力和写作能力。研究能力和写作能力是理论基础和分析工具的具体表现。

三、金融学专业研究生的创新能力

讨论金融学专业研究生的知识结构和素质要求，其目的在于达成金融学专业研究生的创新能力。

那么，什么是创新能力呢？在《王蒙论创作》一书中，著名作家王蒙对一个短篇小说作家应当具备的能力——发现力、感受力、想象力、表现力——有过非常精彩的描述[①]。我想王蒙所说的“应当具备的能力”可以理解为创新能力。这里，套用于金融学专业研究生并结合金融学专业研究生金融研究过程与金融论文写作实际给予进一步说明。创新能力由发现力、感受力、想象力、表现力四个因素构成。

1. 发现力

著名作家王蒙认为：“发现力是指一种能从司空见惯的东西之中，发现新的事物，发现特别强烈、很奇妙的东西这样一种能力；是从平凡

① 王蒙. 王蒙谈创作[M]. 北京：中国文艺联合出版公司，1983：42－55.

无奇的生活当中，发现其所有的惊心动魄的或者感人肺腑的东西的这样的一种能力；是从一些细枝末节当中，发现那些具有重大的有时代意义的事实的能力，从这些很细小的事物里能够感受时代的脉搏，能够看到社会生活，能够感到人与人之间的关系发生了变化的征兆，我指的就是这样一种能力。”

王蒙所说的发现力，同样是金融学专业研究生需要具备的一种创新能力。事实上，不仅作家需要观察社会生活，金融学专业研究生同样需要观察社会生活及其细微变化。所不同者，金融学专业研究生需要观察的是社会生活的经济金融方面，而作家的观察则可能宽泛得多。

美国著名经济学家克鲁格曼就有令人惊叹的发现力。正是他准确地预见了1997年的东南亚金融危机。也正是由于2008年在美国爆发了席卷全球的比东南亚金融危机更为深重的金融危机，在2008年克鲁格曼获得了诺贝尔经济学奖。应该说，他是当之无愧的。

2. 感受力

感受力指的是感觉，即对实际经济金融生活有敏锐的、丰富的感觉。

感受力可分为两个方面：一是对实际经济金融生活的感受力；二是对经济金融理论的感受力。对经济金融理论的感受力也可以叫作欣赏力或理解力。这种欣赏力或理解力中包含着分析能力。比如，对一篇金融研究论文或一本金融学术专著，其观点是否正确？其材料是否可靠、全面？其结构是否合理？其论证是否科学、严密、有力？其结论是否准确？若一个金融学专业研究生感受力强，他会做出准确的判断；若感受力差，做出判断可能会比较困难甚至很难做出判断。由此，一定意义上讲，感受力制约着创新能力。

3. 想象力

想象力是非常重要的。一个金融学专业研究生想象力的强弱，决定了他（她）学术发展的高度。一个金融学专业研究生的想象力既包括他（她）运用经济金融理论的能力，也包括他（她）对经济金融事实、数据的加工能力和重新排列综合的能力。比如，一个金融学专业研究生能够熟练地将经济金融范畴转化为经济金融变量，能够对经济金融变量进行推导分析，能够在影响金融运行及其效率的众多变量当中迅速找到关键变量特别是众多变量当中的外生变量并提出相应的解决方法，那么他(她)的想象力就是非常强的。学术创新的程度取决于自己的想象力能否比别人走得更远。

4. 表现力

除了有感受、有想象、有发现，还得有表现感受、想象和发现的能力。表现力的内涵非常丰富，但主要因素是语言能力和结构能力。金融研究论文主要靠语言表达，语言能力或文字能力就显得非常重要。当然，金融学论著还有图表、曲线、数学模型等表现形式。另一个重要因素是结构，结构也是构成表现力的重要部分。比如，一篇论文的研究框架，有的作者写了一大堆，读者还是看不太清楚；另有作者画了一幅框架图，读者却一目了然。再比如，一篇论文的研究结论，有的作者不分段写了几页，读者读后不得要领；另有作者条陈，仅写了半页，读者却比较清楚。此说明结构本身也是一种语言，结构本身是有表现力的。流传甚广的曾国藩和太平军作战时的战报“臣屡战屡败”与“臣屡败屡战”的传说，也说明了结构的表现力。有时候，结构本身就是语言，结构本身就是表现力。

关于金融学专业研究生的创新能力，可简单归纳，见图10。

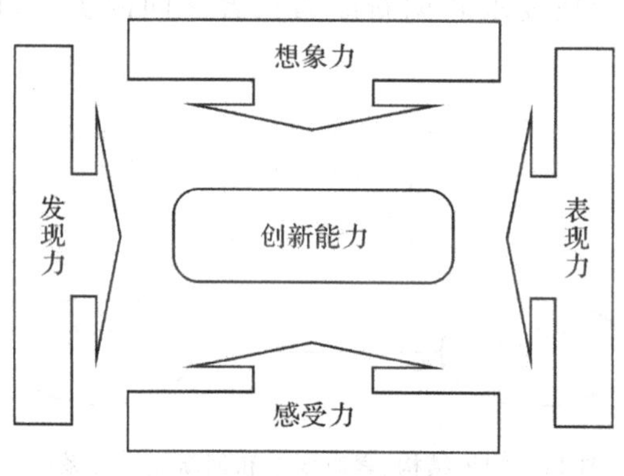

图10　创新能力的构成

自然，也可以从另外一个角度解读创新能力。著名哲学家冯友兰先生在其《中国现代哲学史》中多次论及“照着讲”和“接着讲”这样一对范畴[①]。依他的本意"照着讲"就是述而不作，就是只有继承，没有创新；"接着讲"就是在继承的基础上有所发现，有所前进。我非常欣赏冯友兰先生的"接着讲"。"接着讲"三个字精辟极了，它可以理解为"扬弃""继承创新""推陈出新"，也就是一种难能可贵的创新能力。

四、金融学专业研究生知识结构、素质要求和创新能力之间的关系

构筑金融学专业研究生的知识结构即经济学基础，金融学基础，作为经济学基础、金融学基础的基础，数学和统计学基础，文史哲及外语基础等，其目的在于达到系统掌握经济学、金融学的理论基础，熟练使用经济学、金融学的分析方法，具有提出问题、分析问题、解决问题的研究能力，具备"再现"金融研究成果的写作能力等四个方面的素质要求。归根到底则在于金融学专业研究生创新能力的养成。由此，三者之间的内在逻辑关系是：知识结构决定素质要求，素质要求决定创新能力。

简言之，知识结构是素质要求的基础；素质要求是创新能力的基础。卓越的创新能力是由强有力的知识结构和优秀过硬的素质支撑的。一定意义上，创新能力反过来又是综合素质和知识结构的具体体现。

知识结构、素质要求和创新能力三者之间的关系可简单归纳，见图 11。

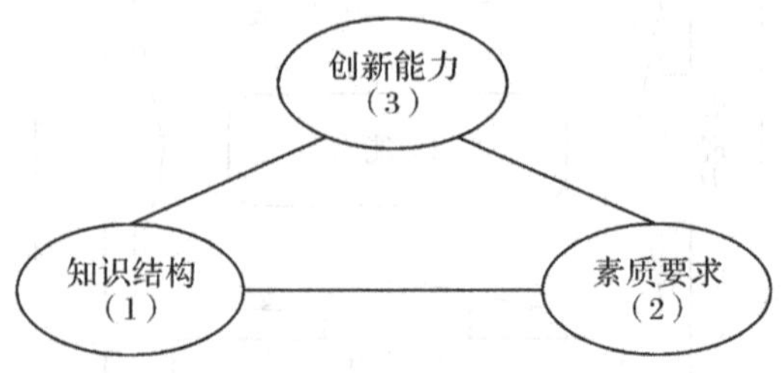

图 11　知识结构、素质要求和创新能力关系图

① 冯友兰. 中国现代哲学史[M]. 北京：生活·读书·新知三联书店，2009：85，161，185.

毫无疑问，我们讨论金融学专业研究生的知识结构和素质要求，其最终目标还在于金融学研究生创新能力的养成。易言之，金融学专业研究生的创新能力必须建筑在强有力的知识结构和优秀、过硬的素质要求之上。否则，所谓创新能力就是一句空话而已。

至于究竟如何实现创新，此为科学研究过程中最高深莫测和最令人神往的部分，是激动人心的科学史的研究领域。无数的科学家做出了令人敬仰的科学发现，但发现过程及其机制连做出科学发现的科学家自己也难言清楚。“眼前有景道不得”，创新能力也只有在不断的科学实践中逐步学习、积累，舍此别无他途。

中国经济学研究的失范与归真
——基于熊彼特经济学研究的科学程序的分析视角

一、引言

改革开放之初的20世纪80年代，中国人文社会科学学术界的大致图景是：热闹的文学、沉闷的哲学、萧条的史学、繁荣的经济学。斗转星移，改革开放40多年后的今天，各学科的情势发生了些许微妙的变化：纯文学已经失去热闹（代之而兴的是娱乐性的网络文学等）；哲学依然沉闷；史学以国学的形式大有复苏之势（当然存在不少泡沫，比如各种不严肃的"戏说"）；经济学依然从社会科学皇冠上的明珠而身价陡落，人们似乎不再相信"算卦式"的经济学的预测了（比如10多年来中国房价越调越高、股市作为经济的晴雨表却翻云覆雨变化莫测、全球金融危机没有经济学家能够精确预测、面对全球金融危机经济学界束手无策等等），用凯恩斯的话说则是："自马尔萨斯以来，职业经济学家虽然并不因理论与事实不符，而有动于衷，但常人却已觉察到这种不符情形，结果他们逐渐不愿意对经济学家，像对其他科学家那样尊敬。"[①]究其原因，自然太多。笔者学而力不逮难以全面、准确地述说。本文在继承熊彼特关于经济学研究的科学程序经典论述的基础上，提出自己对构建经济学理论模型的科学程序的粗浅思考，进而就中国经济学研究现状中的失范和回归本真，谈些不成熟的意见。

二、熊彼特关于经济学研究的科学程序的经典论述

熊彼特是人类经济学说史上罕见的屈指可数的天才巨匠之一。其

① 凯恩斯．就业、利息和货币通论[M]．徐毓枬，译．北京：商务印书馆，1983：32．

不朽的学术地位完全有资格与约翰·斯图亚特·穆勒、亚当·斯密、大卫·李嘉图、萨伊、莱昂·瓦尔拉斯、欧根·冯·庞巴维克、马歇尔、凯恩斯等著名经济学家并驾齐驱,共争光辉。今天,人们所津津乐道的是其创新理论,并且将创新理论从经济学领域无限制地放大了。其实,熊彼特的《从马克思到凯恩斯十大经济学家》特别是《经济分析史》更是经济学智慧的高峰之作。前者《从马克思到凯恩斯十大经济学家》是十大经济学家的学术传记,影响深远;后者《经济分析史》大气磅礴、卓尔不群,立意之高远,观点之明晰中肯,规模之宏大辽阔,涉及国家和人物之众多,材料之丰富详尽,是全球公认的经济学认识论、方法论方面无与伦比的经典著作。

在熊彼特的心目中,科学的或分析的经济学是通过构建理论模型取得进步的。由此,经济学研究的科学程序与构建理论模型的科学程序是完全等价的。

在《从马克思到凯恩斯十大经济学家》一书中,熊彼特无数次讨论过"理论"。他认为:"任何一个关于社会经济情况的全面'理论'是由两个互相补充但基本上不同的因素所组成的。第一是,理论家关于这一社会情况的基本特征,关于特定时刻为了理解它的生活什么是和什么不是重要的事物的观点。让我们把这叫作他的看法。第二是,理论家的技术,即他用以把他的看法概念化,并把后者变成具体的主张或'理论'的工具。"[①]很显然,熊彼特关于理论(及理论模型)的上述一段话主要包含两方面的内容:一是理论家关于研究对象的观点、看法;二是理论家对其观点、看法的概念化技术表现。此可谓"理论模型"的经典诠释:理论模型就是理论观点和概念化技术表现(一般为数学模型等)的统一体,二者缺一不可。

在《经济分析史》第二卷中,熊彼特明确而简洁地界定了理论(及理论模型)的性质:"经济理论并不是一批政治处方;借用琼·罗宾逊夫人的一句中肯的话来说,它乃是一箱分析工具。"[②]"我已经强调了理论这

① 熊彼特.从马克思到凯恩斯十大经济学家[M].宁嘉风,译.北京:商务印书馆,1965:264.

② 熊彼特.经济分析史:第二卷[M].杨敬年,译.北京:商务印书馆,1991:148.

个词，而我所说的理论就是指分析的器械。”[①]显而易见，此与1885年马歇尔在剑桥大学的就职演说《经济学现状》中的一句名言——“经济理论并不是普遍真理，而是可以用来发现某一类真理的通用机器。”[②]——一脉相承，含义相同。两位经济学巨匠的“分析工具”“分析的器械”与“通用机器”何其相似，都不约而同地强调了经济理论的工具性质。

在《从马克思到凯恩斯十大经济学家》一书中评介马歇尔、庞巴维克、陶西格、费希尔和凯恩斯等经济学家时，熊彼特12次使用了“模型”或“经济模型”一词[③]。此外，他也多次使用与理论模型意思相近的“图解”“图式”“图画”“逻辑的图式”等词汇替代“模型”或“理论模型”。

在《经济分析史》第一、二、三卷中，熊彼特密集讨论过与理论模型相当或意义完全相同的各种各样的图形、图画、体系、图解、图表、模式、模型、工具箱、分析工具、分析机器、器械、器具、图式等。在熊彼特的写作习惯中，很少使用“理论模型”一词(明确使用只有1次)，他使用最多的是“图式”(182次)，用“图式”简洁地表达自己关于理论模型的思想[④]。

弄清楚熊彼特的理论(及理论模型)和理论(及理论模型)的“分析的器械”的性质之后，我们进一步比较详尽地考察熊彼特的经济学研究的科学程序或者说在熊彼特的心目中经济学理论或理论模型是如何被创造出来的。在《经济分析史》第一卷中，熊彼特对经济学研究的科学程序有过清晰的论述。他说：

“分析工作本身就包含有两种不同的然而又不可分割的活动。一个在于使想像的内容概念化。所谓概念化，我们的意思就是说，把想象中的各种组成成份以准确的概念加以固定，给它们一定的标志或名称以便于识别。同时(用定理或命题)确定它们之间的关系。另一种活动就是猎取更多的经验资料(事实)，借以丰富和核对原先已经掌握的资

---

① 熊彼特.经济分析史：第二卷[M].杨敬年，译.北京：商务印书馆，1991：211.

② 熊彼特.经济分析史：第三卷[M].朱泱，易梦虹，李宏，等译.北京：商务印书馆，1994：299.

③ 熊彼特.从马克思到凯恩斯十大经济学家[M].宁嘉风，译.北京：商务印书馆，1991：110，162，213，225，244，276，277，278，285.

④ 据统计，熊彼特三大卷《经济分析史》中，使用图型6次、图画36次、体系14次、图解1次、图表2次、模式16次、模型46次、工具箱3次、分析工具38次、分析机器3次、器械20次、器具1次、理论模型1次、图式182次。

料。应该说这两种活动并不是各自独立进行的，而在两者之间一定有一个不断取舍的过程。为了概念化，往往引起对更多的事实的猎取；而新发现的事实又一定被插进来和加以概念化。在一种无休止的连续过程中，这两种活动改进、加深和修正了原先的想象，同时也改进了彼此的结果。在我们努力的任何特定阶段，我们确定试验建立图式、体系或模式，以便尽量妥善地描述我们感兴趣的整套现象，然后以'演绎的'或'归纳的'方式加以发展。……以上是关于科学程序的一个很不完全的描述。"①

如果说，熊彼特在《从马克思到凯恩斯十大经济学家》中对理论模型的论述相对抽象的话，那么，他在《经济分析史》中则进一步将理论模型的论述具体化了，并且和经验实证有机联系起来，深刻论证了理论模型与经验实证的密切关系和相互作用原理。熊彼特自谦地认为自己的论述是"很不完全的描述"，其实，他的论述却是对构建理论模型也就是经济学研究的科学程序的经典诠释。

显然，熊彼特关于经济学研究的科学程序的内在逻辑可以明确表述为：想象概念化—命题（确定经济现象之间的关系）—对命题的经验实证—建立图式、体系或模式。在《经济分析史》第二卷中，熊彼特对经济学研究的科学程序有过进一步清晰的论述：

"在每一种科学探索中，最先出现的是想象。这就是说，在开始从事任何一种分析工作以前，我们必须首先挑出我们想要加以观察的一组现象，并且对于它们是如何结合在一起的——换句话说，对于从我们的观点看来什么是它们的根本性质——首先凭直觉得出一个初步的观念。情况显然应该是这样。如果不是这样，那仅仅是由于虽然我们实际上多半不是从自己的想象出发，但却是从我们前辈的工作出发的，或者是从浮现在公众头脑中的观念出发的。然后我们进而使我们的想象概念化，并通过对事实的比较仔细的考察来发展它或者纠正它，这是两件必然会连在一起的工作——我们在任何时候所具有的概念以及这些概念之间的逻辑关系引出进一步的事实调查，而进一步的事实调查又

① 熊彼特. 经济分析史：第一卷[M]. 朱泱，孙敬敞，李宏，等译. 北京：商务印书馆，1991：77－78.

引出新的概念和关系。我们的概念和我们所确立的这些概念之间的关系两者的总和或‘体系’，就是我们所称的理论或模型。”①

由上可见，熊彼特关于经济学研究的科学程序的内在逻辑是：想象（针对一组现象或分析对象）—想象概念化—确立概念间的逻辑关系—理论或模型。此分析图式的内在逻辑和《经济分析史》第一卷中的论述非常相似，其精神是基本一致的。

在《经济分析史》第三卷第七章讨论均衡概念时，熊彼特又一次对经济学研究的科学程序展开论述，并以瓦尔拉的一般均衡理论为例深入理论模型内部，探讨了经济理论模型各变量之间的关系，并就此将经济学研究的科学程序推向了数理化（理论模型）的努力方向，实质上是对自己《经济分析史》第一、二卷中分析过程四个步骤的进一步更加详尽的说明：

“我们曾经把精确的分析过程分成四个步骤，在经济学史上，这四个步骤第一次是在瓦尔拉的著作中清晰地辨认出来的。现在我们再从这四个步骤的前两个步骤开始，即探究我们所要研究的现象的性质，并根据我们对它们的性质的了解，发现我们认为存在于它们之间的关系。用方程表示出这些关系后，我们便可以采取第三个步骤：即将这些方程纳入一个体系（即一个理论‘模式’）中，看看作为变量（或‘未知数’）出现在这一体系中的要素，是否有唯一的一组值来满足所有那些必须同时存在的方程——联立方程这一术语由此而来。到此为止，一切都很顺利。但要回答上述问题——在大多数情况下，当然是否定的回答——是极为困难的。普通常识告诉我们，假如有唯一的这样一组值——即一种‘解’——存在的话，那就必须满足某些条件。例如，方程必须是真正的方程，而不能是纯粹的恒等式（例如 x 等于 x）；它们必须在以下意义上是独立的，即没有一个方程一定要隐含另一个方程，或另几个方程，或所有其他方程之中；它们必须有足够的数目；当然，它们彼此不得相互矛盾。”②

---

① 熊彼特. 经济分析史：第二卷[M]. 杨敬年，译. 北京：商务印书馆，1991：283.

② 熊彼特. 经济分析史：第三卷[M]. 朱泱，易梦虹，李宏，等译. 北京：商务印书馆，1994：322－323.

照笔者理解，熊彼特的上述论述是要在理论模型中明确诸解释变量的性质并寻求理论模型的约束条件。此外，熊彼特强调理论模型必须是真正的方程即被解释变量与解释变量必须是相互独立的变量；如果是联立方程，则各方程必须是完全独立的，不能循环论证。

在《经济分析史》第三卷第五篇第五章（也是三卷本《经济分析史》的最后一章）中论述凯恩斯《通论》的分析工具时，熊彼特指出："凯恩斯的分析——现期国民收入的分析——就是在按上述五点而安排的框架之内来操演五个内生变量，这些变量是这个体系要加以确定的：国民收入本身、就业、消费、投资以及利率，此外还有一个外生变量，那就是由金融'当局'的行动加在该体系之上的货币数量。"[①]凯恩斯认为，现期国民收入等于现期的消费加上现期的投资即 $Y=C+I$，它由三个函数表即消费函数 $C=F(y)$、投资函数 $I=F(y,r)$ 和灵活偏好函数 $M=I(y,r)$ 决定。对此，号称"美国的凯恩斯"的汉森评价说："凯恩斯把当期收入解说为等于现行储蓄加上现行消费支出。此外，又把当期储蓄解说为等于现行收入减去现行消费。设称收入为 Y，消费为 C，投资为 I，储蓄为 S。则 $Yt=St+Ct$；$St=Yt-Ct$（亦即 $Yt=St+Ct$），因此 $It=St$。有关当期的一切变数都注上 t 的符号。……凯恩斯的全部分析过程尽可不用'储蓄'一词。凯恩斯在第六章的结语中确曾宣称：'我们以后将用消费倾向这个概念来替代储蓄倾向'。但事实上凯恩斯在全书中继续使用'储蓄'一词。而自《通论》出版以后，在储蓄投资问题的讨论中引起了很大的紊乱。"[②]熊彼特更认为凯恩斯的分析图式是有很大缺陷的："没有一个当之无愧的理论家会接受这样的假设，即消费支出（以工资单位表示的）仅仅和收入（以工资单位表示的）相关联，没有一个理论家会把这种假设看成一种确切的陈述。"[③]应该说，汉森和熊彼特对凯恩斯分析图式的评价基本是一致的。汉森和熊彼特所指责的，恐怕就是凯恩斯分析图式中的三个方程式即消费函数、投资函数和灵活偏好函数不是完全相互独立的，从而存在循环论证的毛病。也就是

---

① 熊彼特.经济分析史：第三卷[M].朱泱，易梦虹，李宏，等译.北京：商务印书馆，1994：608.

② 汉森.凯恩斯学说指南[M].徐宗士，译.北京：商务印书馆，1963：57.

③ 同①616.

说，凯恩斯使用了完全相同的解释变量收入 y 和利率 r 解释不同的被解释变量消费 C、投资 I 和灵活偏好 M。

作为哈佛大学教授，熊彼特乐于金针度人，用心良苦，比较详尽地描述了经济学研究的"科学程序"。但如何依据经济学研究的"科学程序"有效创建具有创新价值的理论模型，仍然是经济学研究过程中的高难问题。所谓"道可道，非常道"，此亦是科学创造过程中只可意会、难以准确言传的奥妙所在。

熊彼特关于经济学研究的科学程序（四个步骤），可以清晰图示，见图 12。

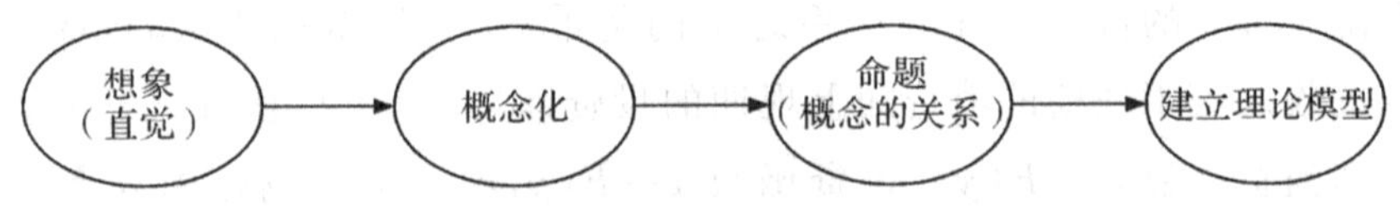

图 12　熊彼特关于经济学研究的科学程序

三、构建理论模型的科学程序：对熊彼经济学研究的科学程序的再扩展

尽管构建具有创新价值的理论模型是经济学研究过程中的高难问题，但也绝不是毫无规律可循。在此，我们依据熊彼特关于经济学研究的科学程序的经典论述和内在逻辑，给予系统全面和通俗简要的说明。笔者认为，要构建完整的科学的经济学理论模型，必须经过下列五个方面相对严格的科学程序（而不是熊彼特所说的分析过程的四个步骤，自然，熊彼特所说的四个步骤已经包含在五个方面的科学程序之中）。

1. 依据直觉发现有价值的经济现象（研究对象）

依据直觉发现有价值的经济现象（研究对象），是经济学研究的开端，熊彼特谓之"想象"，更加通俗些说是直觉，就其实质而言，则是经济学研究过程中的首要因素即选题。

爱因斯坦指出："提出一个问题往往比解决一个问题更重要。因为解决问题也许仅仅是一个数学上或实验上的技能而已，而提出新的问题，新的可能性，从新的角度去看待旧的问题，却需要创造性的想象力，而且标志着科学的真正革命。”[1]贝尔纳说过：“课题的形成与选择，无论作为外部的经济需求，抑或作为科学本身的要求，都是研究工作中最复杂的阶段。一般来说，提出课题比解决课题更困难。……所以评价与选择课题，便成了研究战略的起点。”[2]由此可见，爱因斯坦将发现问题提高到了“科学的真正革命”的认识高度；贝尔纳则将发现问题明确界定为“研究战略的起点”。基此，一定意义上讲，方向比努力更重要。依据直觉发现有价值的经济现象（研究对象），也就为进一步取得研究成果打下了坚实的基础。

在经济学科学研究的过程中，比构建特定的理论模型更为重要的，是作为其基础和驱动因素的发现问题的敏锐直觉。直觉是对研究对象运动特点的本质理解和本能反应，也是理解一切问题的逻辑起点和出发点。直觉完全取决于经济学家的学术修养。若找不到有价值的经济现象（研究对象），再精密、再高明的数学模型也难以找到发挥作用的支点，因而无从发挥作用也毫无价值可言。

由此，能否找到有价值的经济现象（研究对象）就成为构建理论模型的必不可少的前提条件。有无能力找到有价值的经济现象（研究对象）是衡量杰出经济学家与一般经济学研究者的客观标准之一，也是所有杰出经济学家与一般经济学研究者的显著差别之所在[3]。林毅夫教授讲得好：“经济学理论既然是用来解释社会现象的一套逻辑体系，那么，要推动经济学理论的发展首先必须把要解释的现象理解透彻，弄清楚哪些是产生我们所观察到的重要、错综复杂的社会经济现象背后的主要经济、政治、社会变量，然后，才能构建一套简单的逻辑体系，来说明这些重要变量之间的因果关系。因此吃透所要解释的经济现象是经

---

① 爱因斯坦，莫费尔德. 物理学的进化[M]. 上海：上海科技出版社，1962：66.

② 中国社会科学院情报研究所. 科学学译文集[M]. 北京：科学出版社，1981：28－29.

③ 经济学家与历史学家的学术修养一样，都由才、学、识、德等构成。依据直觉发现有价值的经济现象（研究对象）主要取决于学术修养才、学、识、德中的“识”。整个20世纪，在依据直觉发现有价值的经济现象即经济学研究选题方面，没有任何经济学家能够超越约翰·梅纳德·凯恩斯。正是凯恩斯以其敏锐过人的直觉，实现了经济学研究对象的乾坤大挪移，开辟了经济学研究新的发展方向即宏观经济学方向，并天才地发现了宏观经济分析所需要的国民收入、就业、消费、投资、利率和货币供给量等宏观经济范畴和变量。

济学理论创新的第一步。”[①]

2. 经济现象(研究对象)范畴化

范畴是人的思维对客观事物的普遍本质的概括和反映,是非常抽象的具有普遍性价值的哲学概念。范畴论的开山祖师亚里士多德在《范畴篇·解释篇》一书中,就讨论过实体、数量、性质、关系、场所、时间、姿势、状态、动作、承受等十大范畴存在[②]。当然,不同的学科有自己不同的范畴体系。所谓经济现象(研究对象)的范畴化就是给予经济现象(研究对象)清晰的、标准的经济学概念界定,也就是科学研究过程中的从具体到抽象,用熊彼特的话来说即所谓“概念化”。此为最关键也是最为困难的地方。“我们已在许多场合看到,在从事分析的最初阶段,概念化是一件多么困难的工作,主要是因为科学工作者需要经过一定的时间,才能通过不断的探索,懂得在‘解释’所观察的现象时什么是重要的,什么是不重要的。特别在经济学中,在分析者清楚地懂得自己工作的性质以前,有许多障碍需要克服。”[③]

如何有效实现经济现象(研究对象)概念化?此完全取决于经济学研究者的抽象思维能力。马克思说:“分析经济形式,既不能用显微镜,也不能用化学试剂,二者都必须用抽象力来代替。”[④]马克思所说的“抽象力”就是一切杰出经济学家所拥有的、难能可贵的抽象思维能力。这种难能可贵的抽象思维能力,是通过长期的科学实践积累才能养成的。

3. 经济范畴变量化

有了明确的经济范畴(研究对象)后,接下来的任务就是将经济范畴变量化。所谓经济范畴变量化就是将经济范畴转换为能够用于实证分析的经济变量的过程。此需要经济学家具备良好的统计学修养。熊彼特指出:“‘科学的’经济学家和其他一切对经济课题进行思考、谈论与著述的人们的区别,在于掌握了技巧或技术,而这些技术可分为三

---

① 林毅夫.本土化、规范化、国际化:庆祝《经济研究》创刊40周年[J].经济研究,1995(10).

② 亚里士多德.范畴篇·解释篇[M].方书春,译.北京:商务印书馆,1959:9-49.

③ 熊彼特.经济分析史:第二卷[M].杨敬年,译.北京:商务印书馆,1991:283.

④ 马克思.资本论:第一卷[M].北京:人民出版社,1975:8.

类:历史、统计和‘理论’。三者合起来构成我们的所谓‘经济分析’。”[①]基此,优秀的经济学家必须同时是统计学家和历史学家。

需要强调说明的是,在经济范畴变量化的基础上,还应该进一步将经济变量统计变量化,转化为可观测的实际统计数据。唯有实际统计数据的引入才能有效进行实证分析,才能“立地”即理论联系实际地求解被解释的经济现象和解释变量之间的现实因果关系。

4. 经济变量模型化

经济范畴变量化后,要进一步深入研究经济变量之间的内在逻辑关系,并对经济变量之间的内在逻辑关系实现熊彼特所谓的“概念化技术表现”即模型化。显而易见,“建立模型,即自觉地使概念和关系系统化却更加困难”[②]。这是一个调动经济变量并使之逻辑化的不断探索过程。其追求的目标当然“最好是简洁的数学模型”[③]。理论模型越简单,涉及的变量越少,其约束条件就越少,其普适性也就越强,同时也更贴近研究对象即实际经济生活。当然,理论模型选取变量的多少,它要复杂到什么程度,应该由被解释变量的性质和科学研究工作的需求所决定。当然,以足够说明问题为佳。对此,经济学的圈外人、19世纪普鲁士伟大的军事理论家卡尔·冯·克劳塞维茨的下面一段话——“这正像某些植物一样,只有当它们的枝干长得不太高时,才能结出果实。因为在实际生活的园地里,也不能让理论的枝叶和花朵长得太高,而要使它们接近经验,即接近它们固有的土壤。”[④]——或许能够给我们以莫大的理论启迪。克劳塞维茨对理论模型科学抽象的“度”的形象比喻和理性把握是非常精妙,令人拍案叫绝!

5. 明确界定理论模型的约束条件

需要强调,明确界定理论模型的约束条件或者说明理论模型的约束条件,是熊彼特关于经济学研究的科学程序或分析步骤的三段经典

---

① 熊彼特.经济分析史:第一卷[M].朱泱,孙敬敞,李宏,等译.北京:商务印书馆,1991:28-29.

② 熊彼特.经济分析史:第二卷[M].杨敬年,译.北京:商务印书馆,1991:283.

③ 林毅夫.论经济学方法[M].北京:北京大学出版社,2005:67.

④ 克劳塞维茨.战争论:第一卷[M].中国人民解放军军事科学院,译.北京:解放军出版社,1964:15.

论述中所缺少明确论述的一个非常重要的关键要素[①]。

明确界定理论模型的约束条件就是清晰确定理论模型中解释变量的性质。进一步讲，也就是要解析出解释变量中，哪些是内生变量，哪些是外生变量，并依据外生变量提出解决问题的方案。若搞不清理论模型中解释变量的性质，而依据内生变量提出解决问题的对策，必然南辕北辙，事与愿违，达不到经济学研究认识世界、改造世界的目的，也致使经济学研究成果失去了应有的政策功能。"任何经典模型都是从严格的设定条件推导出来的，至于设定前提之外，都有一个'其他条件不变'。……只要多多少少地返回现实，'其他条件不变'也是实际不可能存在的。这时，最精辟的理论模型论断就会模糊起来。"[②]同时，"任何经典模型的应用都是有假定条件或应用前提的，如果使用者忽视了或者根本不懂得模型的应用前提，故意不尊重或不能够尊重模型中变量间和模型方程式中的逻辑关系，漠视模型所强调的经济学思想，就无法揭示真实的客观世界，研究的结论就势必出现偏差，有时甚至是重大偏差"[③]。

显而易见，确定理论模型的约束条件是构建理论模型必不可少的最后一环。只有明确指出理论模型的约束条件，才能为理论研究成果转化为政策操作提供应有的、必不可少的操作指南。也只有明确指出理论模型的约束条件，才算有效完成上述五个方面构建理论模型的全部程序，才能有效实现经济学研究——发现问题、研究问题、解决问题——的全部探索过程。应该说，到此为止，全部经济学的研究过程才结束了，经济学认识客观世界及其经济运行规律的使命才完成了。至于如何进一步改造世界，则溢出了经济学家的使命范围。

构建理论模型的科学程序可简要图示，见图 13。

应该明确的是，上述构建理论模型的五个方面的科学程序（或五个

---

① 当然，我绝不是说熊彼特不知道理论模型的约束条件，而只是说熊彼特关于经济学研究的科学程序的三段经典论述中缺少对一个关键要素即理论模型约束条件的明确说明。一位把经济学家定义为必须同时是"数学家、统计学家和史学家"的经济学巨匠，怎么会不清楚理论模型需要约束条件呢？

② 黄达．教学中应该做到却不容易做到的两三点[M]//林继肯．中国金融学教育与金融学科发展：历史回顾和经验总结．北京：中国金融出版社，2007：6.

③ 李金华．经济学模型的精神与灵魂[N]．光明日报，2013-05-24.

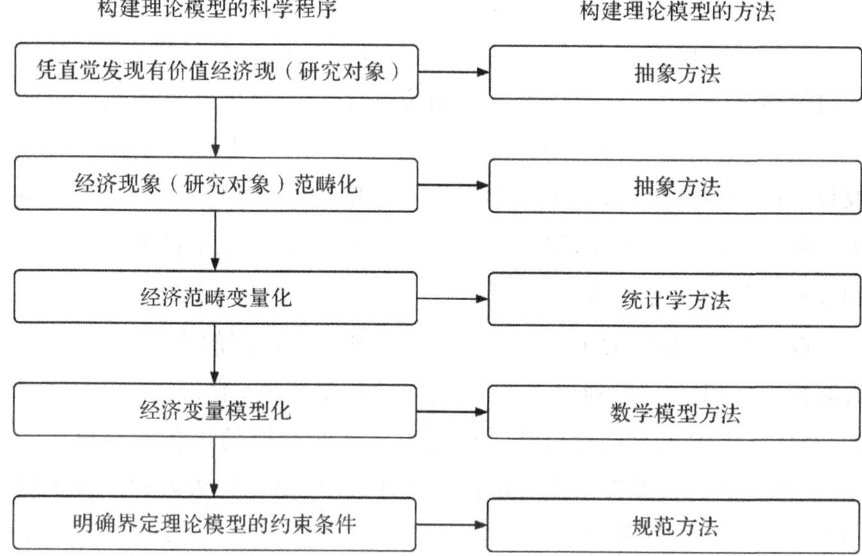

图 13　构建理论模型的科学程序与方法

分析步骤)之间存在严格的内在逻辑关系，是一个密不可分的、次第推进的逻辑链条，缺一不可。同时也必须指出，构建科学的理论模型需要多方面的知识积累和丰厚储备。“一个经典的经济学模型理当是哲学、经济学、逻辑学以及统计学、数学知识的完美组合。这种多元知识体系的精巧整合，使得模型形神兼备，构成了经济学模型的精神。”①

四、中国经济学研究的失范表现

与熊彼特关于经济学研究的科学程序的经典论述和基于熊彼特研究成果基础的构建理论模型的五个严格的科学程序相对比，中国的经济学研究存在大量的严重的失范现象。不完全概括，主要是：(1)没有科学分析的对策热；(2)没有经济学思想的数学模型的滥用；(3)没有科学的经济学的学术积累。没有科学分析的对策热在改革开放初期比较常见，没有经济学思想的数学模型在当前的中国经济学界大行其道，没有科学的经济学的学术积累是我们不得不被动接受的“一个结果”。兹分述之。

① 李金华. 经济学模型的精神与灵魂[N]. 光明日报，2013 - 05 - 24.

1. 没有科学分析的对策热

改革开放以前的30年，中国奉行高度集中的计划经济体制，当时一边倒地学习苏联，真正的经济学研究几乎处于完全停滞状态。对此一时期，我们姑且存而不论。改革开放40多年来，中国的经济学研究取得了巨大的进步，这是不争的事实。但中国经世致用的文化传统决定了中国的经济学研究是致用的、对策性的，而缺乏创造性的理论创新和分析工具的真正创新。

改革开放初期，为了解放当时被禁锢和严重压抑的生产力，我们不失时机地推出了一系列改革举措：承包制、租赁制、股份制、公司制等等，经济学界也为此进行过热烈的讨论。这些举措的出台对解放生产力、促进经济增长发挥了应有的巨大作用，特别是在广大农村广泛推行的联产承包责任制激发了千百万农民的生产积极性，释放出惊人的生产力，有力地促进了农村经济的发展，同时也充分显示出改革开放的动人魅力和巨大吸引力。但若言理论创新，恐怕不好意思。因为承包制、租赁制、股份制、公司制等在西方有上百年的实践历史，中国封建社会就有承包制的长期存在[①]。近代中国更有股份制光彩夺目的成功实践，比如以“汇通天下”而闻名于世的山西票号(始于清朝道光三年即1823年)，不仅有普通股，而且有包含激励机制的身股和身后股。身股具有现代经济学的人力资本的属性和员工持股制的属性，身后股则有股票期权的意思。近代中国金融史上这一丰饶的金融实践遗产，涉及股份制、劳动力资本、两权分离制度、金融管理、商业管理等广阔的理论研究领域，值得中国经济学界认真挖掘、系统整理，并探索其发展演进的内在逻辑与规律，以便古为今用，启示后人。

就近来看，全球金融危机背景下，世界各国中央银行不约而同地释放流动性，实施增加有效需求的货币政策，就其实质而言，是实施凯恩斯主义政策，放大经济产出模型 $\mathrm{GDP}=C+I+G+(X-M)$ 中的外生变量 G，试图将 G 有效地转化为 ΔC 和 ΔI。此抓住了经济产出模型解

---

① 在中国封建社会漫长的自然经济演进过程中，地主长期借以剥削农民的实物地租，一定意义上，不是完全可以理解为只重视“结果”而不管其“过程”的承包制吗？

释变量中的外生变量 G，是完全正确的。为了应对全球金融危机，中国政府出台了4万亿元一揽子投资计划，货币信贷天量增长（2009年新增信贷95957亿元，同比增长98.72%；新增货币供给131034亿元，同比增长27.58%）。此可谓当时中国政府应对全球金融危机的对策（且不管是哪位经济学家的理论和政策主张转化为中国的政策实践），但对政策应有必要的理论分析：出台政策方案的依据（理论的、现实的）是什么？政策目标是什么？政策成本是什么？政策工具和实施手段是什么？政策效应是什么？还有成本与收益的比较如何？甚至要清晰列示出将要出台政策措施的"负面清单"等。应该承认，4万亿元一揽子投资计划，货币信贷的天量增长对经济"V"型复苏和"保八"任务的完成功不可没。但即使作为外生变量的 G 也不能任意地不加节制地放大，因为 G 不加节制地放大会产生明显的"挤出效应"，不仅诱发了强烈的通胀预期，更延缓了转变经济增长方式的步伐，且更进一步扭曲了经济结构（比如所有制结构上的"国进民退"，经济增长越发依赖投资驱动等），也与后来中共中央全面深化改革若干重大问题的决定中"建立统一开放、竞争有序的市场体系，是使市场在资源配置中起决定性作用的基础"的基本精神格格不入，甚至完全背道而驰。

熊彼特的下面一段话，值得我们高度重视："大部分经济学家却直接根据他们从实际情况获得的印象来提出各种建议，这就与不以经济学为专业的工作者的研究没有什么两样了。他们既不应用理论的或统计的技术，也不图对理论的或统计的技术有所贡献，尽管显然有这样做的机会。经济学的分析工具，在他们手中，不但没有得到完善，反而败坏了。"[①]在笔者看来，直接根据从实际情况获得的印象来提出各种建议，不仅不可能实现经济学理论和分析工具的创新（熊彼特所说的败坏分析工具倒在其次），更糟糕的是，从现象跳过应有的、不可或缺的分析环节，直接提出对策（若被采纳实施）可能带来政策实施的不良后果，极端情况下甚至可能导致不应有的灾难。

---

① 熊彼特. 经济分析史：第三卷[M]. 朱泱，易梦虹，李宏，等译. 北京：商务印书馆，1994：80.

2. 没有经济学思想的数学模型的滥用

经济学说史上，马歇尔和凯恩斯都是受过严格数学训练的著名经济学家，但他们的经济学著作中对数学的应用却非常节制。“马歇尔的作品实际上是以数学图解为必需条件的。”[①]“不仅他的特殊的数学才能对于他在经济理论领域中的成就是有利的，而且是由于数学分析方法的实际运用才产生了这一成就；而且把斯密-李嘉图-穆勒的资料转变为现代研究机器，如果没有数学分析方法，也是很难完成的。”[②]但是，马歇尔对经济学研究中数学的过度运用充满疑虑：“他不愿意把外行人吓跑了，他要求——奇异的野心！——能被‘商人所看懂’。他恐怕树立一个榜样，可能诱使具有数学锻炼的人们认为数学是经济学家所需要的一切。”[③]如果说马歇尔只是基于经济学传播的考量，对数学方法的滥用充满忧虑的话，凯恩斯则对数学在经济学研究中的过度使用完全抱持强烈批判的、看不上眼的轻蔑态度：“近代所谓‘数理’经济学，太多一部分只是杂凑，其不精确一如其开头所根据的假定；而其作家，却在神气十足但毫无用处的符号迷阵中，把现实世界之复杂性与息息相通性置诸脑后了。”[④]

诚然，马克思曾经说过：“一门科学，只有当它成功地运用数学时，才能达到真正完善的地步。”[⑤]这里需要明确强调，马克思所说的是一门科学要“运用”数学而不是“变成”数学才能达到真正完善的地步。无论如何，数学只是经济学研究的“工具”（大而言之是一切科学研究的“工具”，非特经济学而已），而不是经济学“本身”。

与马克思和西方经典作家对数学运用的慎重态度截然相反，我国的经济学研究现状却是对运用数学工具充满不适当的狂热追求。学术期刊上发表的不少论文是没有经济学思想的充满数学模型的算不上经济学论文的所谓论文，博士、硕士论文更有缺乏数学模型就不成其为论

① 熊彼特. 从马克思到凯恩斯十大经济学家[M]. 宁嘉风，译. 北京：商务印书馆，1965：99.

② 同①99.

③ 同①99－100.

④ 凯恩斯. 就业、利息和货币通论[M]. 徐毓枬，译. 北京：商务印书馆，1983：256－257.

⑤ 苏共中央马列主义研究院编. 回忆马克思恩格斯[M]. 胡尧之，等译. 北京：人民出版社，1957：73.

文的趋势(此在理工科院校表现得尤为强烈)。然而,细究其中许多论文中运用的数学模型,基本上是西方模型的中国运用,其写作模式大概可以概括为:西方模型+中国材料+些许体会=理论创新。作者自己针对经济现象(研究对象)依据科学程序创建的新的理论模型却少之又少。其结果,这些经济学论文中的数学模型就成为“两不像”,数学家认为不是数学,经济学家认为不是经济学。

此外,不少论文尽管应用了非常复杂的数学模型,但所得研究结论却是尽人皆知的经济学常识,甚至连经济学常识也算不上。作者却认为自己有创新甚至是重大的创新,丰富了某某理论,建立了某某理论框架,提出了某某对策,填补了国内空白,有重大理论价值和现实意义云云[①]。对此,经济学界心知肚明,不少有识之士已经仗义执言,发出强烈的正义呼声,却很难引起学术界应有的关注和重视[②]。当然,不正学风已然形成,要改变之亦难。长此以往,中国的经济学研究与世界先进水平的距离必将越来越大。

当前,我国高校经济学教师(广泛些说是中国经济学研究队伍)中,老一辈的学者有理论修养,有经济思想,也有对中国国情和中国经济体制演进的细微观察和深切把握,但苦于缺乏数学基础而不能将其思想观点模型化,形成有思想观点、有技术分析和精确论证的研究成果。年轻教师有较好的数学基础,也有西方经济学及其方法的训练,但苦于缺乏对中国国情和中国经济体制演进的清晰认识,抓不住有研究价值的经济现象(研究对象),其研究状态有两种情况:一是找不到有价值的课题,研究工作无从有效开展;二是抓住无关紧要的研究现象,努力使用精密数学工具,生搬硬套,进行玄而又玄的所谓实证分析,结果,由于不

---

① 一般而言,论文作者似乎不应该对自己的论文进行不适当的自我评价,而应该只是以第三人称客观地介绍自己的研究工作结果。是否具有创新以及创新程度如何,只能接受学术界的客观评价。此外,建立了“理论框架”算不上创新,创新在于从“理论框架”中推导出了别人没有认识到的东西;“填补国内空白”同样算不上创新。真正的创新恐怕在于“见人之未见,言人之未言,写人之未写”。严格地说,真正意义上的经济学理论创新,其本质要求只有“世界第一”而无所谓“中国第一”。

② 据笔者所知,中国社会科学院研究员李金华、北京大学教授王志伟、《复旦学报》主编汪涌豪、《文史哲》主编王学典等著名专家学者都先后在《光明日报》《中国社会科学报》《文汇读书周报》等报刊公开著文倡导基于中国国情的有思想的经济学研究,强烈反对经济学研究中对数学模型的滥用。

能很好地联系中国经济生活的实际，同样难以获得有价值的研究成果，甚至他们自己也坦言因为评职称等压力而不得不写没有学术价值的论文。为了创造有价值的研究成果，当下可行的办法可能在于实现老一辈学者和青年教师的互相学习，形成优势互补。当然，最高的治学境界是要求研究者学术思想与分析技术的同时兼备。

还有一种现象似乎值得一提，此就是不少学生认为经济学门槛低，只要有数学基础也就足够了。因而报考经济学研究生的学生成分非常复杂，不少的考生来自与经济学关系相对遥远的理工科专业如机械制造、电气工程、微电子、生物工程甚至军事院校的导弹专业。对此，我们只有感叹：历史可以重复！历史惊人的相似！此完全印证了马歇尔120多年前深沉而富有远见的忧虑——“具有数学锻炼的人们认为数学是经济学家所需要的一切”[①]——英明睿智，并不过时！

3. 没有科学的经济学的学术积累

熊彼特说过：“任何一部在科学上有地位有成就的著作，在有关的课程中都不可能不被提到。”[②]黄达教授也明确指出：“教书要教‘基本的’‘成熟的’内容。至于学科的前沿论辩，只能有所选择地点出，全部纳入教学内容之中没有可能。”[③]中美两位杰出教授的观点，可谓英雄所见略同。翻遍中国高校所有的经济学和金融学教科书，没有以中国人的名字命名的原理、曲线、模型，也没有中国经济学家的论著走进教科书并成为教科书的经典讲授内容。一句“西方经济学”——难道有与西方经济学相对应的东方经济学以及所谓南方经济学和北方经济学吗？——道尽了中国经济学人的苦涩与辛酸。经济学是“西方的”，对中国而言，只是舶来品。

还是黄达教授以高洁的实事求是的人格一语道破了真情：“在货币银行学的学理部分中，有的只是西方所创建的原理。”[④]自然，黄达教授所言仅及货币银行学。其实，对中国整个经济学的研究现状而言，难道

① 熊彼特．从马克思到凯恩斯十大经济学家[M]．宁嘉风，译．北京：商务印书馆，1965：99－100．

② 熊彼特．经济分析史：第三卷[M]．朱泱，易梦虹，李宏，等译．北京：商务印书馆，1994：615．

③ 黄达．教学中应该做到却不容易做到的两三点[M]//林继肯．中国金融学教育与金融学科发展：历史回顾和经验总结．北京：中国金融出版社，2007：3．

④ 黄达．与货币银行学结缘六十年[M]．北京：中国金融出版社，2010：50．

不是完全适用的吗？

有人认为，中国经济高速发展了40年，涌现了那么多为政府经济政策和社会经济生活献计献策的经济学家，却没有一个人值得获世界性的经济大奖。这不是中国人的问题，而是这个奖的问题。……中国从来不乏优秀的经济学家，传统的、现代的、保守的、自由的，每个体系每个学派都有自己的代表人物。由于中国由传统的计划经济过渡到市场经济，经济体制的转型为中国的经济学家提供了多维的理论表达空间和实践机会[①]。

笔者以为，这种渴望获取诺贝尔经济学奖的愿望自然是美好的。但是，这种观点却大成问题。中国经济高速发展了40年与经济学研究成果之间没有必然的联系；只是献计献策算不上经济学分析；所谓中国从来不乏优秀的经济学家，传统的、现代的、保守的、自由的，每个体系每个学派都有自己的代表人物，这只是情绪化的言过其实，夜郎自大的自以为是甚至包含对经济学说史的愚昧无知；经济体制的转型为中国的经济学家提供了多维的理论表达空间和实践机会与经济学研究成果也完全是性质不同的两码事！理论表达空间不等于理论研究成果！实践机会不等于理论研究成果！二者何能混为一谈？

更进一步说，上述观点不仅完全混淆了研究对象与研究成果的关系——中国经济高速发展只是研究对象，诺贝尔经济学奖所要求的却是经济学研究方面的原创性的成果，此两者之间缺乏内在的必然的逻辑关系。——而且误解了诺贝尔经济学奖的性质：诺贝尔经济学奖是经济理论成就奖而不是经济建设成就奖或经济高速发展奖。

理由很简单，有问题不一定有分析。“那些不熟悉科学研究的社会学的人们，会理所当然地认为，有实际问题就有分析，或者换句话说，分析是由生活的需要所引起的。但美国当时有许多实际问题，人们热烈地讨论它们，有时还带有同它们的重要性很不相称的一定程度的感情。然而，我们却很难看到为解决这些问题而发展分析工具的冲动。”[②]这是熊彼特《经济分析史》第二卷中评述1790至1870年美国经济学相对落

① 张敬伟．诺贝尔经济学奖太狭隘了[N]．环球时报，2009－10－13．

② 熊彼特．经济分析史：第二卷[M]．杨敬年，译．商务印书馆，1991：209－210．

后时所说过的一段话。换句话说，此为熊彼特《经济分析史》所描述的美国150年前的经济学研究相对落后情况，一定意义上却是当前中国经济学研究状况的真实写照。它应该也能够给我们以应有的深刻启迪。

五、中国经济学研究的归真之途

如何纠正中国经济学研究中的失范？如何回归经济学研究的本真？最重要的问题恐怕在于必须净化经济学界长期以来存在的不良学术风气。

1. 中国经济学家应该重视分工效率

当前，中国经济学界最大的问题是学风浮躁。有点研究成果者就沾沾自喜，自认为学问做得差不多了，涨停板了。往往坐不住冷板凳，一门心思削尖脑袋往官场奔，去追求“修、齐、治、平”与“居庙堂之高”的人生境界了。应该承认，中国源远流长的文化传统造就了历代知识分子“一边倒”地热心追求儒家的“修、齐、治、平”的人生理想。这种“以天下为己任”的“出世”思想，固然推动了中国经济社会的发展和进步。但是，经济学家(大而言之是整个知识分子群体)都信奉“学而优则仕”的“官本位”取向，都选择一元化的“居庙堂之高”的人生价值偏好，都去经营“上层建筑”，作为“经济基础”的科学文化事业如何能够取得像样的进步？亚当·斯密《国民财富的性质和原因的研究》开篇第一、二、三章讨论的就是分工。他开宗明义地指出：“劳动生产力最大的增进，以及运用劳动时所表现的更大的熟练、技巧和判断力，似乎都是分工的结果。”[①]由此，中国经济学家似乎应该看重分工及其效率。在有效的分工框架下，最大限度地实现自己的人生价值。

只有GDP，没有令人信服的科学、技术和文化方面的辉煌成就，一个民族必然难以雄立于世界民族之林，也绝难赢得世界各民族发自内心的应有尊重。

当今，在中国高等院校，大部分教学科研人员都是为职称忙，搞课题，发论文，评奖励。更有甚者，其中有些浮躁难安、急功近利的教学科研人员为了得到科研成果、科研课题和学术成果奖励，不惜冒着身败名

---

① 斯密.国民财富的性质和原因的研究[M].郭大力，王亚南，译.北京：商务印书馆，1982：5.

裂的人生风险，剽窃抄袭，弄虚作假（评定职称造假、申报课题造假、成果报奖造假，凡此等等，不一而足），连最起码的学术道德底线也置于脑后，顾不得坚守了。学风如此浮躁，莫要说取得创造性的研究成果，进而获取诺贝尔经济学奖，就是要做点真正像样的学问，恐怕也得有坐冷板凳的定力，方可有所成就。

2. 中国经济学家应该严守自己的研究工作边界

明确了分工的效率及其价值后，中国经济学家就应该严守自己的研究工作边界。经济学家的任务是认识客观经济世界，并探寻经济运行的内在逻辑及其客观规律。其工作方式实质上已然由构建经济理论模型的科学程序——依据直觉发现有价值的经济现象（研究对象）、经济现象（研究对象）范畴化、经济范畴变量化、经济变量模型化、确定理论模型的约束条件——所直接而明确地决定。从理论上说，经济学家经过艰苦劳动，构建出自己的经济理论模型，也就完成了自己对客观经济世界的理论性认识。接下来的任务，就只是发表、出版自己的论著。至此，经济学家认识世界的使命已告完成。至于经济理论如何转化为经济政策，那只能由政府的选择决定。用个不甚恰当的比喻则是：经济学家只是制定“菜单”，至于如何“做菜”，则当由政府抉择。

无可否认，几乎所有的中国经济学家都渴望在自己耕耘的经济理论的土地上能够开放出绚烂的经济政策之花，也就是完成自己“修、齐、治、平”的人生使命[①]。但是必须明确，经济学家的历史使命是“知”而不是“行”，是“认识世界”而不是“改造世界”。此就要求经济学家要严守自己的研究工作边界，科学配置自己的才能。此外，经济学家能否有幸提出自己横空出世的革命性的创新性理论研究成果，除了自己的创造性才能之外，毫无疑问，还需要时代环境等客观条件即外部机遇。而

---

① 经济学说史上，恐怕唯有凯恩斯理论生逢其时，有其理论迅速转化为政策的幸运。“罗斯福新政”是凯恩斯主义的美国实验；当年全球金融危机下，世界各国竞相释放流动性，增加有效需求，可谓凯恩斯主义的全球实验。至于20世纪80年代的里根经济学、撒切尔夫人经济学，有人认为是弗里德曼和哈耶克所倡导的自由放任理论的实验，恐怕并不确切。自由放任理论早已由亚当·斯密18世纪所首创，弗里德曼特别是哈耶克不过是将亚当·斯密18世纪所首倡的自由放任理论推向了极致。

这种时代环境即外部机遇，往往是可遇而不可求的，也不是以任何经济学家的个人意志为转移的。

3. 中国经济学家要淡化课题意识

多年来，国家为了提高社科(包括经济学)研究水平，每年都有数百项社科基金项目，下达数千万元甚至上亿元的课题经费，希望通过经费支持“买到”高水平的研究成果。殊不知，这种仅从“投入”角度一厢情愿的做法往往收效甚微。同时，一定程度上，也造成学术评价方面不必要的混乱[①]。

纵观经济学说史，大凡伟大的、流芳百世的经济学著作，诸如亚当·斯密的《国富论》、李嘉图的《政治经济学及赋税原理》、马克思的《资本论》、凯恩斯的《通论》、熊彼特《经济分析史》等，好像都不是课题研究成果(而是经济学家个人的创造性研究成果)，也没有得到过什么基金项目的支持[②]。甚至马克思写作《资本论》时客居伦敦，还处于贫病交加的生活状态中。此外，马克思《资本论》写作时间40年，第二、三卷生前尚没有完成出版，不得不由挚友恩格斯继承其写作事业，倾注心力整理出版。结果，第二、三卷出版署名是马克思著、恩格斯编。亚当·斯密写作《国富论》的时间是25年，除了出访法国，终生再也没有离开英国苏格兰小城格拉斯哥半步[③]。熊彼特写作《经济分析史》耗费了生命历程中的最后9年时间，结果也未全部完成，最后由其夫人(也

---

① 多年来，我国高校评价人文社科教师的标准，就是看其拿到过多少课题(及其级别)，拿到多少科研经费，得到过哪一级的奖励，发表、出版过多少论著，当然，这些都是硬指标，也比较容易简单地量化计算与比较。但拿到过多少课题和科研经费只是从“投入”角度的评价，并不足以完全说明问题。笔者认为，评价指标应该后置，不应看“投入”而应着重看“产出”及其质量。自然，对作为“产出”的论著也应该制定相对客观的评价指标体系。

② 这是应该值得中国经济学家高度重视的一个经济学说史现象。大凡流芳百世的经济学经典著作(甚至经典教科书比如约翰·斯图亚特·穆勒的《政治经济学原理》、马歇尔的《经济学原理》和萨缪尔森的《经济学》等)，基本上都是个人独立撰写，而不是课题组成员的集体创作。由此，一切渴望取得创造性研究成果的中国经济学家都应该重视个人素质(才、学、识、德)的提高而不是热衷于课题组的集体研究。200个人读200本书和1个人读100本书，其效果自然有天壤之别。中国经济学家应该有“坐冷板凳，吃冷猪肉”的胆识和勇气，不应当只热衷于当“教练员”“裁判长”甚至“总裁判长”，而应该有勇气、有能力以身作则当好“运动员”。

③ 请问世界上哪里有基金项目支持时间跨度40年、25年的研究？中国经济学界哪部学术著作的写作时间长达40年、25年？

是经济学家)的伊丽莎白·波蒂·熊彼特作为遗作抱病编辑整理直至去世,同时在别的众多学者阿瑟·W.马吉特、戈特弗里德·冯·哈伯勒、保罗·M.斯威齐、理查德·M.古德温、艾尔弗雷德·H.康拉德、威廉·J.费尔纳、亚历山大·格申克龙、弗里达·S.厄利恩、安娜·索普、罗伯特·库恩和瓦西里·列昂惕夫教授的无私帮助下,方才令人遗憾地不够完整地出版面世[①]。

当然,要淡化课题意识涉及对教学科研人员的学术评价等学风以外的问题,我们没有理由去责备广大的教学科研人员。

4. 中国经济学家要强化科学思维和科学精神

固然,中国是世界闻名的古国,享有上下五千年的文明历史,更有傲人的"四大发明"(火药、指南针、造纸术、活字印刷)贡献于世界。但我们也不得不遗憾地承认,四大发明只是技术发明,而不是科学发现。对于古代中国辉煌的科技成就和近代科学没有产生于中国,世界著名科技史专家李约瑟已有深入翔实的研究,也曾产生过巨大的困惑,此就是众说纷纭的"李约瑟之谜"或"李约瑟难题"。这里姑且存而不论。

客观地说,中国自古以来缺乏系统的科学思维。以经济学教学与研究而论,挂在口边津津乐道的就是经国济世。经济学既然要经国济世,其研究目标自然是致用而不是为学。为学是手段,致用才是目的。应该承认,经国济世这种传统的理论教条是有失偏颇的——重"术"而轻"学",重"技"而轻"道",助长"对策热"——完全不利于科学研究特别是形而上的原创性的理论研究。其实,科学不等于技术[②]。真正的科学研究是不问有用无用的。20世纪举世公认的科学巨匠爱因斯坦就

---

① 中国经济学界有哪部著作由夫妻二人前赴后继地写作、编辑整理又借助于别的众多学者真诚无私的帮助方艰难面世?应该说,经典作家的经典经济学作品正像我国历史上伟大的屈原、司马迁、蔡文姬的文字一样,是作者以血泪和生命凝成的(用生命写作与用笔墨写作,其结果、其境界又如何能一样呢?)。经典作家的经典理论固然值得我们认真学习,经典作家对学术研究的无限忠诚和献身精神,更值得我们永远学习并致以崇高的敬礼!

② 科学技术是生产力是一个比较笼统甚至不够准确的提法。技术是生产力,能够产生直接的经济效益,此毫无疑义。而科学或许只是间接生产力。科学要转化为能够产生经济效益的生产力需要许多中间环节。日常生活中,人们常言"科技发明",这亦是一个似是而非的说法。其实,完全可以将"科技发明"一分为二,准确分拆为"科学发现"与"技术发明"。"科学发现"是从未知的"有"到已知的"有";"技术发明"则是从"无"到"有",是"无"中生"有"。

曾明确说过:“我从事科学研究完全是出于一种不可遏制的想要探索大自然奥秘的欲望,别无其他动机。”[①]退一万步说,即使致用即改造世界也必先以认识世界为前提。

5. 中国经济学家要切实端正学风,坚持科学的研究方法

中国经济学家真想真正创造出令人信服的原创性成果,唯有端正学风,严格遵守经济学研究的科学程序和规范,建立基于科学事实基础之上的、包涵经济学研究价值的理论模型。因为“不建立模型,我们就无法前进”[②]。

当然,作为分析工具的经济学理论模型有其特定的丰富内涵,理论模型=学术观点+概念化技术表现+约束条件。显而易见,没有科学分析的对策和没有经济学思想的数学模型与作为认识客观经济世界的分析工具的经济学理论模型,完全是两码事,二者相去甚远。

六、结束语

经济学是人类积累起来的、成系统的知识体系。它由范畴、原理、定理、曲线、模型、系数、图式等基本元素构成。

同时,经济学又是一门逐步演化的科学,这种演化进程是相当缓慢的。经济学说史上,约翰·斯图亚特·穆勒、马歇尔和萨缪尔森三本闻名世界的、里程碑的经典教科书独领风骚,风靡全球50年,已然说明50年中经济学体系的相对稳定,没有取得革命性的进步[③]。基于此,经济学研究要取得革命性进步往往是非常困难的。尽管人类的经济生活实践是生生不息的——所谓“子在川上曰:逝者如斯夫,不舍昼夜”——但蕴含其中的经济学的“原理”却是相对稳定的。经济学理论就其实质而言是人类认识经济生活的工具,用熊彼特的话说是“分析工具”“分析

① 杜卡斯,霍夫曼.爱因斯坦谈人生[M].高志凯,译.北京:世界知识出版社,1984:23.

② 罗宾逊,伊特韦尔.现代经济学导论[M].陈彪如,译.北京:商务印书馆,1982:71.

③ 其实,从1776年亚当·斯密出版《国民财富的性质和原因的研究》到1936年凯恩斯出版《就业、利息和货币通论》的整整160年间,经济学的体系是非常稳定的,都崇尚古典学派的自由放任传统。只是20世纪30年代的大危机,才彻底从实践上否定了古典学派自由放任传统的支柱即萨伊定理以及与萨伊定理相适应的充分就业均衡假定,直至1936年的凯恩斯革命才从理论上彻底粉碎了萨伊定理,完全改变了经济学的传统体系。

的器械”,用马歇尔的话说是“通用机器”,用熊波特所激赏的、经济学说史中最杰出的女经济学家琼·罗宾逊夫人无比智慧的比喻则是“工具箱”。

尽管贝克尔搞“经济学帝国主义”,经济学的触角已深入社会生活的各个领域,但经济学的研究对象是相对稳定的,其研究边疆毕竟是有界限的。如何在有限资源的约束下,最大限度地提高经济效益并实现公平分配并最大限度地促进人类福利;如何有效处理政府和市场的关系,最大限度地发挥市场配置资源的基础作用并有效改善政府调控效率,恐怕是经济学研究的永恒主题。

传统不死。真正伟大的经济学理论是永垂不朽的,它是人类所拥有的共同宝贵财富,并会持续发挥巨大的影响人类行为的作用[①]。只要经济运行处于非充分就业均衡状态(特别是经济危机时期),凯恩斯的“看得见的手”即国家干预理论必然会重新复活,再放光辉;只要世界上还存在国家和国家利益,李斯特基于国家经济学的关税壁垒理论的影响就永远不会绝迹;只要人类生产力发展水平尚未达到食品支出占消费支出的比重非常非常小以至可以忽略不计的程度,恩格尔定理作为衡量贫富差别的客观标准,其真理性就永远不会消退。

经济学是通过构建理论模型前进的。构建经济学理论模型需要严格遵守经济学研究的科学程序也就是构建经济学理论模型的五大程序。此五个方面的科学程序之间存在严格的内在关系,是一个密不可分的次第推进的逻辑链条,缺一不可。

经济学研究的最高境界,是构建经典理论模型并进而开发出新的分析工具,在经济学说史特别是经济学分析的“工具箱”中留下自己创造的东西,结出自己富有生命力的果实并由此成就藏之名山的事业,进而最大限度地促进人类的整体福利。此正是一切有志气、有抱负的经济学家毕生追求的梦想。

---

① 还是凯恩斯勋爵一针见血、一语中的,道尽了经济学思想的力量和价值:“经济学家以及政治哲学家之思想,其力量之大,往往出乎常人意料。事实上统治世界者,就只是这些思想而已。许多实行家自以为不受任何学理之影响,却往往当了某个已故经济学家之奴隶。”(《就业、利息和货币通论》第 330 页)

只要中国经济学家强化科学思维，切实端正学风，坚持科学的研究方法，踏实寻求中国经济运行的内在逻辑及其规律，我们完全有理由相信，中国的经济学研究一定能够融入世界主流，并拥有光辉灿烂的未来。

毫无疑问，要实现此目标，唯一的途径就是立足本土，全身心地从事奠基性的调查研究工作，即搜集科学事实、整理科学事实、分析科学事实、提炼科学事实，进而投身到崇高而又艰难的构建科学的分析的经济学理论模型的劳动之中，舍此别无他途！

经济学的沉思

(1)经济学家最受用的话:经济学是社会科学皇冠上的明珠;金融学者常常自夸:金融学是社会科学皇冠明珠上璀璨的宝石。凯恩斯却说:"自马尔萨斯以来,职业经济学家虽然并不因理论与事实不符,而有动于衷,但常人却已觉察到这种不符情形,结果他们逐渐不愿意对经济学家,像对其他科学家那样尊敬。"[①]"各种社会科学皆然,经济学尤其如此,因为我们往往不能以一己思想,以逻辑的或实验的方法,做决定性的试验。"[②]显而易见,经济学家和金融学家的良好感觉与凯恩斯所描述的现象之间,无疑存在着巨大的反差。经济学研究对象的复杂性、经济学研究方法的相对不成熟性,决定了经济学本身作为一门学科的不精确性或者难以精确性。此抑或正是萨缪尔森定性"经济学是科学,也是艺术"之理由。

(2)金融研究方法是金融研究者利用金融认识中介,作用于金融研究对象,取得金融研究成果的方式和途径;金融论文写作则是金融研究成果的"再现"过程。金融研究的逻辑或方法论则是对金融研究方法的哲学反思。金融研究方法论在金融学科建设中具有重要的地位,它是金融学科体系(本体论、认识论、方法论)不可分割的有机构成部分。就我国以至全球而言,金融学科体系建设是相对落后的。一个简单的事实是:我们目前尚没有建立起像历史学科那样由"历史学的本体论""历史学的认识论""历史学的方法论"构成的结构完整、逻辑严谨的"金融学的本体论""金融学的认识论"和"金融学的方法论"博大精深的金融学科体系。我国以至全球金融学的学科建设仍然缺乏"金融学的认识论"和"金融学的方法论"这两个金融理论体系和金融学科体系当中不

① 凯恩斯.就业、利息和货币通论[M].徐毓枬,译.北京:商务印书馆,1983:32.

② 同①3.

可缺失的重要组成部分。

(3)人类需要亚当·斯密、凯恩斯和熊彼特那样的天才经济学家，提出划时代的、横空出世的开创性经济学思想(《国民财富的性质和原因的研究》《就业、利息和货币通论》《经济发展理论》)，同时也需要暂时地停下脚步，由约翰·S.穆勒、马歇尔、萨缪尔森那样的集大成者进行经济学的全面系统的综合(《政治经济学原理及其在社会哲学上的应用》《经济学原理》《经济学》)；由约翰·内维尔·凯恩斯、熊彼特、马克·布劳格、丹尼·罗德里克那样的长于方法论方面的经济学家进行经济学方法论的归纳和总结(《政治经济学的范围与方法》《经济分析史》《经济学方法论》《经济学规则》)。正是这些“创新”“综合”“方法”构成了人类经济思想史奔腾不息的长河。

(4)经济运行是川流不息的过程，经济问题总是变动不居、层出不穷的。不同国家、同一国家不同的历史时期都有自己所面临的经济问题；经济学理论和研究方法却是相对稳定的。每一代经济学家都用相同或有所改进的方法在已有理论基础之上研究自己所处时代的新问题或老问题的新的发展形式。由此，经济学理论本身无所谓“西方”“东方”，也没有与“西方经济学”相对应的“东方经济学”以及“南方经济学”“北方经济学”，也就是无论东、西、南、北。“研究对象”和“研究方法”的相同性或相似性——经济运行及其规律、科学抽象法——决定了人类只有一套经济学理论。至于经济学理论的具体应用，不同国家、同一国家不同的历史时期则完全可以有所区别、有所不同。换句话说，经济学理论必须讲“国际性”“普遍性”“统一性”，经济政策倒可以因地制宜、因时制宜地讲“国别性”“特殊性”“差别性”。由此，要建立一门富有中国特色的、独立于西方的经济学潮流之外的中国经济学恐怕只能徒劳而无功。

(5)英国是人类经济学的故乡。英国古典政治经济学博大精深，是马克思主义经济学和当代西方之经济学各流派的共同发源地[①]。马克思主义经济学和当代西方之经济学各流派的经济思想，都能够从英国

① 方福前.当代西方经济学主要流派[M].2版.北京：中国人民大学出版社，2014：4.

古典政治经济学大师的思想体系中觅得踪迹：众所周知，马克思的劳动价值学说直接来源于威廉·配第、亚当·斯密和大卫·李嘉图。20世纪60年代兴起、70年代和80年代前期流行一时的货币主义直接来源于传统货币数量论，它承续传统货币数量论的分析方法，并倡导经济生活的自由放任。新古典宏观经济学(货币主义与理性预期学派的混合物)遵循古典政治经济学的传统，强调宏观经济学要建立在坚实的微观经济学基础特别是理性预期假说之上，相信市场力量的有效性，坚持市场机制自发发挥调节作用能够解决宏观均衡问题。哈耶克(有人将其归入奥地利学派)完全遵从古典学派的自由放任传统，认为货币政策乃是萧条的根源，因而强烈主张货币非国家化，主张废除中央银行和政府货币垄断权，实现充分的货币竞争。他认为"货币政策既不是可欲的、也是不可能的"[①]。应该说，哈耶克为了自己的经济理论具有内在逻辑上的一致性，将自由放任传统进行到底了。才高八斗、卓然独立的熊彼特(有些书也将其归入奥地利学派)表面上批判资本主义，实际上对资本主义经济制度满腔热忱，其看法远比凯恩斯更积极，更有信心。他认为"创造性毁灭"正是资本主义发展的存在方式，实际上更接近古典学派的传统精神。就连公开反对古典学派，并以凯恩斯革命彪炳史册的凯恩斯本人也对古典学派理论一往情深、难舍难分，继承和扬弃杂然并陈："我们大多数都是在旧说下熏陶出来的。旧说已深入人心。所以困难不在新说本身，而在摆脱旧说。"[②]"本书(指《就业、利息和货币通论》——引者注)之作，对于作者是个长期的挣扎，以求摆脱传统的想法与说法。"[③]"我们对于经典学派理论之批评，倒不在发现其分析有什么逻辑错误，而在指出该理论所根据的几个暗中假定很少或从未能满足，故不能用该理论来解决实际问题。但设实行管理以后，总产量与充分就业下之产量相差不远，则从这点开始，经典学派理论还是对的。"[④]一本《就业、利息和货币通论》，凯恩斯实际上经历了艰难的从左到右的

① 哈耶克. 货币的非国家化[M]. 姚中秋，译. 北京：新星出版社，2007：114.

② 凯恩斯. 就业、利息和货币通论[M]. 2版. 徐毓枬，译. 北京：商务印书馆，1983：3.

③ 克莱因. 凯恩斯的革命[M]. 薛蕃康，译. 北京：商务印书馆，1962：7.

④ 同②326.

逐步转向。到了晚年，凯恩斯的思想愈加保守，因而以研究和发展凯恩斯经济学著称于世并命名了“凯恩斯革命”(1950)的劳伦斯·克莱因的——“凯恩斯始终是个古典经济学家”[①]——这句话还是十分中肯的。在这种意义上可以说，英国古典政治经济学无疑是一切经济学之源头和哲学基础。进一步讲，英国古典政治经济学是“源”，其余都是“流”。

(6)中国学术传统中，一贯强调士子的才、学、识、德四个方面的素质修养。我个人理解，“才”主要体现为研究者的天赋和抽象思维能力；“学”体现为研究者的读书量和知识积累；“识”是统驭“才”和“学”的能力，体现为研究者的洞察力和将知识转化为能力的能力，有效配置“才”和“学”的能力；“德”主要是对研究者个人在品质上的要求，此关乎治学的境界和目的，关乎治学的气度和格局。若以经济学为例，我们可以看到下列图景：18 世纪全球经济学的伟大学者中，亚当·斯密自然是“王中之王”，他的“才”聚集于鸿篇巨著《国民财富的性质和原因的研究》中。现在全世界几乎所有的国家和地区(当然也有个别例外)都奉行市场经济体制，这让人们不能不承认亚当·斯密的伟大绝伦。熊彼特和凯恩斯无疑是 20 世纪全球经济学“双子星座”。熊彼特学养独步天下，一部《经济分析史》前无古人，可能也后无来者。熊彼特之“学”是所有与他同时代的经济学家都难以企及的；凯恩斯之“识”，又是同时代的其他所有经济学家难以望其项背的。不错，时势造英雄。但 20 世纪 30 年代的大危机是全球经济学家所共同面对的严酷现实，却只有凯恩斯提出了有效需求原理，推导出国家干预(通过两大需求管理政策即财政政策和货币政策实现)的对策，进而出版了划时代的《就业、利息和货币通论》，一举开创了宏观经济学的先河[②]。这应该是“识”的力量的高度体现。才、学、识、德四个方面的素质修养具体到金融研究过程和金融

---

① 凯恩斯. 就业、利息和货币通论[M]. 2 版. 徐毓枬，译. 北京：商务印书馆，1983：326.

② 本来，美国是 20 世纪 30 年代大危机的爆发地，应该说，当时的美国经济学家最先身处危机之中也就是说美国经济学家最先接触到研究对象。但是，却没有哪位美国经济学家能够像凯恩斯那样，率先提出有价值的理论和对策。这就让人不得不服气英国的确是经济学的故乡，英国经济学家在经济学说史当中的地位(就像希腊之于奥林匹克一样)是无可动摇的。当然，美国率先实施“罗斯福新政”，最早实施凯恩斯主义调控政策(对此，经济学界尚有争议，但不影响我们这里的讨论议题)。不过，那是政策实践方面的事情，与经济学理论是两码事。

论文写作，则是：选题体现“识”；材料积累体现“学”；主题的提炼、结构与语言体现“才”；论文的学风体现“德”。

(7)经济学理论的内在一致性是由其研究对象的同一性(经济运行及其规律)决定的。基此，不同的经济学流派之间的所谓对立，并不是完全针锋相对的，而只是相对的，甚至是相互贯通的，往往你中有我，我中有你。否则，各个学派就不可能成为统一的经济学理论体系的一部分。如果凯恩斯没有继承古典学派的任何东西，他的经济学理论是另一套全新的、完全有别于古典学派经济学的、为人们所不能理解的东西，就不会为古典学派以及其他学派所承认；菲利普斯曲线就其性质而言无疑是古典学派经济学的(尽管它提出并完善于凯恩斯革命之后的1958年和1960年)，其具体内容是推导工资(后来是物价)和失业的关系，之所以能够被纳入凯恩斯的宏观经济学当中，当作说明凯恩斯经济学内容的东西，亦说明凯恩斯经济学和古典经济学有某种兼容性，是开放的体系。

(8)经济理论既是世界观，又是方法论。熊彼特说过：“经济理论并不是一批政治处方；借用琼·罗宾逊夫人的一句中肯的话来说，它乃是一箱分析工具。”[①]此与1885年马歇尔在剑桥大学就职演说《经济学现状》中的一句名言——“经济理论并不是普遍真理，而是可以用来发现某一类真理的通用机器。”[②]——一脉相承，含义相同。套用一句中国习语则是“英雄所见略同”。

(9)经济问题研究完全不同于经济学研究。经济问题研究讲的是对实际经济问题的看法；经济学研究是将实际经济问题转化为科学命题，将经济问题的研究上升到经济学范畴的层次，在范畴层面展开理论逻辑的运动，通过对范畴的研究实现对现实经济问题的把握。经济问题研究是“平面”的、单一的过程；经济学研究则是“立体”的，它有一个“双重的”从具体到抽象的研究过程和从抽象到具体的叙述过程。对此，马克思的《资本论》是一个经典案例。众所周知，《资本论》的研究对

① 熊彼特. 经济分析史：第二卷[M]. 杨敬年，译. 北京：商务印书馆，1991：148.

② 熊彼特. 经济分析史：第三卷[M]. 朱泱，易梦虹，李宏，等译，北京：商务印书馆，1994：299.

象是“资本主义生产方式以及和它相适应的生产关系和交换关系”[①]。但是，在《资本论》当中马克思并没有具体讲资本主义生产方式是什么，资本主义生产关系是什么，资本主义交换关系又是什么，而是通过研究作为资本主义生产关系的理论表现的一系列经济范畴——商品、使用价值、价值、具体劳动、抽象劳动、私人劳动、社会劳动、个别劳动时间、社会必要劳动时间、货币、资本、不变资本、可变资本、固定资本、流动资本、剩余价值、剩余价值率、绝对剩余价值、相对剩余价值、超额剩余价值、资本有机构成、资本技术构成、资本价值构成、资本积累、资本的循环、资本的周转、个别资本、社会总资本、利息、利息率、利润、利润率、超额利润、平均利润、平均利润率、产业利润、商业利润、借贷利息、地租等等——完成对研究对象“资本主义生产方式以及和它相适应的生产关系和交换关系”的解析。这种研究方法就是科学抽象法。用马克思自己的话说就是：“分析经济形式，既不能用显微镜，也不能用化学试剂，二者都必须用抽象力来代替。”[②]

(10)经济学研究就是构建理论模型，理论模型是帮助我们了解社会经济现象的工具。按照熊彼特的观点，理论模型的内涵包括两个方面，即理论模型＝学术观点＋概念化艺术表现。理论模型具有多种表现形式，如文字、图表、曲线、数学方程式等等。构建理论模型的途径和方法是一个密不可分的、次第推进的逻辑链条：依据直觉发现有价值的经济现象（研究对象）—经济现象（研究对象）范畴化—经济范畴变量化—经济变量模型化—解释变量统计变量化—从解释变量中寻找外生变量—明确界定理论模型的约束条件—依据外生变量提出解决问题的方法。在八个环节中，依据直觉发现有价值的经济现象（研究对象）是研究过程的起点，能否找到有价值的研究对象即问题，取决于研究者的学术眼光和理论修养；经济现象（研究对象）范畴化、经济范畴变量化、经济变量模型化是将现实问题转化为科学命题；解释变量统计变量化、从解释变量中准确识别出外生变量、明确界定理论模型的约束条件是

① 马克思．资本论：第一卷[M]．中共中央马克思、恩格斯、列宁、斯大林著作编译局，译．北京：人民出版社，1975：8．

② 同①．

理论联系实际的关键；依据外生变量提出解决问题的方法是构建理论模型和经济学科学研究的目的。由于理论是信息节约的工具，理论模型并不是越复杂越好，而要尽可能地简化，限制条件要尽可能地少。理论模型越简单，解释力越强大，适用性越广泛，约束条件越少，其价值就越大。当然，最杰出的处于顶端的经济学家并不依赖严格的理论模型思维，一般经济学家却只能依赖理论模型思考。斯坦利·费希尔在回答采访时曾明确指出："我认为经济学界运行的方式是，在顶端有一个小群体，他们拥有极好的直觉，依据他们的直觉就可以无需规范模型而运行了。下来是经济学界的大多数人，他们必须被教会用规范模型思考。"①

(11)经济学研究最重要的前提是寻找有价值的经济现象(或经济事实)，对之进行整理、加工，"去粗取精，去伪存真"，并上升到理论模型的高度，从而将经济问题转化成科学命题，让研究过程在范畴的基础上展开运动，最后完成对研究对象的准确把握。当然，经济学研究成果要走进教科书(成为经典讲授内容)、走进经济学说史(成为一家之言)而名垂千古，就需要像恩格尔定理、*IS*-*LM* 曲线、菲利普斯曲线、拉弗曲线等那样的能够超越国家、民族的局限而具有普遍性。当今欧美经济学家之所以玩弄复杂、精致的经济学计量模型，原因之一就是经过二百多年的经济学研究历程，现在已经很难找到没人耕耘过的处女地了，没有有价值的新的研究对象(经济现象)了，所以他们才不得不在计量模型上比高下。此亦是 20 世纪六七十年代西方之经济学家将目光转向国外，不得不远离研究对象开始研究发展中国家的经济问题(所谓发展经济学)的缘由之一。我国经济学界也盛产无病呻吟的"四不像"(经济学家认为不是经济学、数学家认为不是数学)的计量模型，此可能与盲目追随西方，与西方的所谓"接轨"有关。

(12)评价经济学理论优劣的标准，不在其数学模型的高深和华丽，而在于其理论模型的"自洽"和"外洽"程度或"内部效度"和"外部效

① 斯诺登，文，温纳齐克. 现代宏观经济学指南：各思想流派比较研究引论[M]. 苏剑，朱泱，宋国兴，等译. 北京：商务印书馆，1998：46-47.

度”。“自洽”或“内部效度”是指理论内部应该蕴藏有强有力的逻辑力量；“外洽”或“外部效度”则是指理论与其所解释的现实之间的吻合程度。经济学理论的解释力越强大，适应性越广泛，就越有“解释功能”方面的价值。若能进一步从经济学理论模型的解释变量中找到外生变量并依据外生变量提出解决问题的方法，理论模型就在“解释功能”的基础上又进一步增加了“政策功能”。具有双重的“解释功能”和“政策功能”的理论模型，便可以理论联系实际地“认识世界”进而“改造世界”。不言而喻，具有“政策功能”的经济理论就是中国传统中所谓的经世致用之学了。其价值或许更大些。相反，若一种经济学理论或理论模型不“自洽”或缺乏“内部效度”，则理论模型不成立，从而也就不需要探究其是否“外洽”及其“外部效度”了。此时，经济研究过程只能劳而无功，宣告结束或另起新的炉灶开启新的研究历程。

(13)关于做学问的境界，冯友兰先生有名言“照着讲”(继承，初级水平)和“接着讲”(创新，高级水平)[①]；林毅夫教授有“经济学教授”(高水平继承)、“经济学家”(继承基础上有创新)、“经济学大师”(一系列创新成果的体系化)三个层次的区分[②]；唐双宁先生有“把简单问题说简单是初级水平，把复杂问题说复杂是中级水平，把复杂问题说简单是高级水平，把简单问题说复杂是没有水平”[③]的论断；在我看来则是“浅入浅出没学问(但诚实而不失可爱)、浅入深出假学问(装腔作势，故弄玄虚，令人恶之)、深入深出欠学问(有学问但火候不够)、深入浅出大学问(有高深的学问，有优秀的表达)”。

(14)在具有相同经济学理论素养的前提条件下，一位经济学家的文史哲素养越高，他(她)取得经济学研究成就的可能性就越大，这就是“博”的力量。熊彼特之所以能够完全不依傍凯恩斯经济学，独辟蹊径并取得举世瞩目的巨大经济学成就，与其超人的“博”自然关系极大。反过来，一位经济学家的其他领域的专长也可能成就他(她)的经济学研究，这又可能是“约”的力量在发挥作用。熊彼特曾经说过，马歇尔的

---

① 冯友兰.中国现代哲学史[M].北京：生活·读书·新知三联书店，2009：85，161，185.

② 林毅夫.论经济学方法[M].北京：北京大学出版社，2005：3.

③ 唐双宁.文风上品是雅洁[J].读书，2013(7)：15－20.

数学才能成就了马歇尔，使他将斯密、李嘉图和穆勒的古典经济学发展为新古典经济学："重要之点是，不仅他（指马歇尔——引者注）的特殊的数学才能对于他在经济理论领域中的成就是有利的，而且是由于数学分析方法的实际运用才产生了这一成就；而且把斯密、李嘉图、穆勒的资料转变为现代研究机器，如果没有数学分析方法，也是难以完成的"①。

（15）一般而言，绝大多数有成就的经济学家在其晚年，都自觉不自觉地回归到经济思想史（伟大的经济学家约瑟夫·熊彼特可能就是其中的一个最典型的例子）。当然，也有人甚至大部分人却在现实问题中打滚了一辈子，浅薄而不自知。推而广之，一切社会科学领域甚至自然科学领域的伟大科学家终其一生的努力，最终的结果都会回归哲学，完成从"约"到"博"的飞跃，实现由"形而下"上升到"形而上"的回溯。当然，他们也会努力地将自己终生的研究成果统一到一个富有内在逻辑的有机框架内，形成自己独特而有价值的思想体系，从而进入人类思想史的令人尊崇的"凌烟阁"，播种于"五湖四海"。热衷于赶时髦者，其研究成果纵然多达千篇万篇，却因其成果的"碎片化"而无法实现思想成果的体系化（甚至有人因"墙头草"地赶时髦、出风头以致观点前矛后盾而不敢印论文集）。这对于一个有追求的学者而言，自然是一种难以言说的悲哀。

（16）经济思想的力量或者"立言"的无形力量，自然是十分巨大的，甚至是穿越时空的。对此，凯恩斯勋爵有言："经济学家以及政治哲学家之思想，其力量之大，往往出乎常人意料。事实上统治世界者，就只是这些思想而已。许多实行家自以为不受任何学理之影响，却往往当了某个已故经济学家之奴隶。狂人执政，自以为得天启示，实则其狂想之来，乃得自若干年以前的某个学人。"②

① 熊彼特．从马克思到凯恩斯十大经济学家[M]．宁嘉风，译．北京：商务印书馆，1965：99．

② 凯恩斯．就业、利息与货币通论[M]．徐毓枬，译．商务印书馆，1983：330．

王利辉博士《中国货币政策工具规则问题研究》序

（一）

货币政策登上历史舞台发挥调控作用肇始于20世纪30年代的大危机。凯恩斯革命开创了国家干预的先河，也是宏观经济学和货币政策理论的源头。由此，研究货币政策绕不开凯恩斯及其划时代的革命性巨著《就业、利息和货币通论》（以下简称《通论》）。

《通论》出版后，随之誉满全球，当然也伴有批评的声浪。阐释研究《通论》的论著如恒河之沙数不尽数。其中较有影响的著作主要是：克莱因的《凯恩斯的革命》（1950）、阿尔文·汉森（A. Hansen）的《凯恩斯学说指南》（1953）、狄拉德的《凯恩斯经济学：货币经济理论》（1955）和明斯基的《凯恩斯〈通论〉新释》（1975）等。

克莱因认为，凯恩斯和马克思都把经济体系作为一个总体看待，都使用总体分析方法："大体上我们可以说马克思分析了资本主义体系没有也不能适当地发挥它的功能的理由，而凯恩斯则分析了为什么资本主义体系没有但是能够适当地发挥它的功能的理由。……两位作者都把经济体系作为一个总体看待，没有纠缠在细微的静态的无法澄清的混淆之中，但马克思和凯恩斯的方法论在很多重要方面都大不相同。凯恩斯的分析常常是极端古典的，而马克思则是非常非正统的。"[①]阿尔文·汉森高度赞赏"《通论》第三章（即有效需求原则——引者注）是凯恩斯这本划时代著作中极重要的部分"[②]；"凯恩斯把这些问题放在他的题为《长期预期状态》的卓越的第十二章中加以讨论"[③]；狄拉德认

---

① 克莱因.凯恩斯的革命[M].薛蕃康，译.北京：商务印书馆，1962：130.

② 汉森.凯恩斯学说指南[M].徐宗士，译.北京：商务印书馆，1963：30.

③ 同②110.

为，凯恩斯是20世纪最伟大的经济思想家。“他超越所有人之上，是新经济学(即宏观经济学——引者注)的主要创始人。”[①]明斯基认为：“凯恩斯在《通论》中的分析放弃了货币中性的观点。与货币数量论的观点相反，凯恩斯的理论说明了真实变量实际上依赖于货币和金融变量。”[②]萨缪尔森对凯恩斯经济学推崇备至，颇为自负地声称：“经济科学已经知道如何使用货币和财政政策来使衰退不致滚雪球式的变成一次持续而长期的不景气。如果马克思主义者等待资本主义在最后一次危机中崩溃，那么，他们是白等了。我们已经吃了智慧之果，不管怎么样，不会回到自由放任的资本主义制度。”[③]在萨缪尔森和诺德豪斯共同撰著的《经济学》教科书中，他们更意气风发地指出：“凯恩斯革命早期，一些宏观经济学家对于货币政策的有效性充满疑虑，正如他们对新发现的财政政策充满信心一样。但是最近20年来，联邦储备体系发挥了更加积极的作用，并显示出自己有能力减缓或加速经济发展。”[④]他们进一步指出：“目前，货币主义和凯恩斯主义都趋向于相信，美国的稳定政策应该主要通过货币政策实施。”[⑤]

我个人非常赞赏明斯基的观点，凯恩斯放弃了货币数量论的货币中性观点。坚持货币非中性、货币供给外生性，这才是凯恩斯革命的内核。

借鉴地球结构理论[⑥]，可以清晰分析《通论》的内在逻辑结构。在凯恩斯《通论》异常繁复、晦涩难懂的理论体系中，货币非中性原理和货币供给外生性原理是作为其核心基础的“地核”部分；有效需求原理等是“地幔”部分；作为实现政府干预手段的财政政策和货币政策，构成凯恩斯《通论》革命性思想最表层的“地壳”部分。

---

① 狄拉德.凯恩斯经济学：货币经济理论[M].陈彪如，译.上海：上海人民出版社，1963：2.

② 明斯基.凯恩斯《通论》新释[M].张慧卉，译.北京：清华大学出版社，1963：2.

③ 萨缪尔森.经济学：上册[M].高鸿业，译.北京：商务印书馆，1980：375.

④ 萨缪尔森，诺德豪斯.经济学[M].萧琛，译.北京：华夏出版社，1999：529.

⑤ 同④508.

⑥ 地球结构理论认为，地球的物质构成由地核、地幔、地壳三部分构成。地核部分处于地球的最深层，占地球总体积的16%，地幔处于地球的中间层，占地球总体积的83%，而与人们关系最密切的地壳部分处于地球的最表层，仅占地球总体积的1%。

事实上,《通论》的“地核”部分,最基础但相对简约;《通论》的“地幔”部分内容庞大而复杂;《通论》中“地壳”理论部分相对简单而明快。对于凯恩斯革命当中的“地幔”部分,汉森、熊彼特、狄拉德、高鸿业、胡寄窗等中外著名经济学家给予了清晰的描绘;凯恩斯革命当中的“地壳”部分,世界各国政府都有比较清晰的认识并已转化为成功或不成功的政策实践;对深藏于或潜藏于凯恩斯革命最深层或最底层的“地核”部分,国内外经济学界或许并没有清晰的认识。

需要强调说明的是,只有“地幔”和“地壳”而没有“地核”的地球,就只能是“空心球”。同理,只有“地幔”和“地壳”而没有“地核”部分的凯恩斯革命算不上真正的凯恩斯革命。至少,没有“地核”部分的凯恩斯革命不完整。正是凯恩斯把“没有货币的”经济学改造为“有货币的”经济学。理由很简单,没有“地核”的原理部分,凯恩斯革命就没有发挥调控作用的支点,作为“地壳”部分的财政政策与货币政策就只能是空中楼阁。至于处于中间环节的凯恩斯革命的“地幔”部分,它只有“解释功能”却没有“政策功能”。

凯恩斯革命以后宏观经济学的发展,全球经济学界流行的观点是 *IS*-*LM* 曲线和菲利普斯曲线。我个人认为,*IS*-*LM* 曲线只有演进到总供求曲线才符合凯恩斯理论的精神;菲利普斯曲线是古典学派曲线。无论菲利普斯本人“失业-工资”的原始菲利普斯曲线,还是萨缪尔森和索罗修改、命名的“失业-物价”的标准菲利普斯曲线,都与凯恩斯《通论》的精神相去遥远。根据凯恩斯的有效需求原理,影响就业的因素是消费倾向和投资引诱,根本不是什么工资和物价。诚然,凯恩斯《通论》出版于 1936 年,原始菲利普斯曲线提出于 1958 年,标准菲利普斯曲线提出于 1960 年。但不能因为时间原因将菲利普斯曲线当作凯恩斯《通论》的发展,否则就会犯萨缪尔森所说的“在此以后”的谬误。

在我看来,凯恩斯主义理论的真正发展主要体现在四个方面:①阿尔文·汉森的补偿性财政政策和货币政策有效性的非对称性原理;②米尔顿·弗里德曼对凯恩斯货币非中性原理的具体化(货币短期非中性和长期中性)以及对货币政策超越财政政策的重视;③明斯基在凯恩斯《通论》投资不稳定基础上发展出的“金融不稳定性假说”;④辜朝明在凯恩斯《通论》“流动性偏好”理论基础上提出的“资产负债表衰退”和“最后借款人”理论。

(二)

凯恩斯革命走过了80多年的历程。期间有过30年“凯恩斯时代”的辉煌,有过面临“滞胀”的解释力的下降,更有过里根、撒切尔夫人时代美英政府改弦易辙(由凯恩斯主义转向货币主义)的退潮和凄凉。但是,经济学潮流潮起潮落,1997年的东南亚金融危机、2008年以来的全球金融危机又一次将凯恩斯主义推向了全球经济学舞台的中央。全球中央银行不断推出量化宽松政策,刺激有效需求,零利率已经使价格型货币政策工具走向崩溃,其他数量型货币政策工具更是层出不穷,令人眼花缭乱,但效果不彰。在此背景下,利辉博士的《中国货币政策工具规则问题研究》的公开出版,适当其时,具有重要理论价值和现实意义。该学术专著有价值的研究工作体现在下列方面:

(1)明晰了货币政策工具规则发挥作用的理论前提。认为货币非中性与货币供给的内外共生性是货币政策工具规则得以发挥作用的理论依据。这种看法是完全正确的。如果货币是中性的,仅影响物价而不影响实际经济变量如消费、投资、产出、就业等,全球中央银行不断推出量化宽松政策,刺激有效需求的作用何在呢?如果货币供给是纯粹内生的,仅由经济体系自身决定,那么中央银行又如何能够有效控制货币供给并借以熨平经济周期、稳定经济发展呢?当然,货币非中性与货币供给的内外共生性,并不是利辉博士的发现。古典学派的货币中性论从亚当·斯密到马歇尔沿袭了整整160年,曾经被当作经济学的真理,直到凯恩斯《通论》才完成了货币中性论到非中性论的转变。创新之难,也不是一般庸俗的人们所能理解的。利辉博士实事求是,将其立论建筑在科学真理基础之上,这种严肃、踏实的治学态度是值得肯定的。

(2)富有逻辑地论证了货币政策工具规则的优越性。利辉博士通过采用附加预期的菲利普斯曲线,从最优均衡角度和通胀偏差角度出发,分别探讨了工具规则与相机抉择型货币政策的优劣,发现中央银行如果执行相机抉择型货币政策，更可能出现短视行为，易导致货币政策的时间非一致性。如果执行工具规则，不仅可以有效解决通胀偏差问题，而且可以比相机抉择型货币政策减少了福利损失，即工具规则优于相机抉择。

（3）归纳了中国货币政策调控历程的七次转变，分析了中国货币政策调控工具存在的主要问题：①货币政策操作方向改变频繁，过于注重相机抉择；②流动性波动幅度大，对宏观经济冲击明显；③利率调控空间越来越窄，很容易陷入"流动性陷阱"而难以自拔。这三个方面的问题分析是实事求是，符合客观实际的。

（4）构建了合理反映中国货币政策操作的工具规则并量化得出相关的反应系数。通过选取中国1999年至2018年的数据为样本，对反应函数中待估计参数进行处理，结果表明：引入平滑因子的前瞻性利率规则适合我国货币政策操作，其利率平滑参数是0.8922，短期名义利率对通货膨胀缺口、产出缺口和汇率缺口的调整参数估计值分别是1.7363、0.2734和－1.4402；加入外汇储备因素的，包含产出缺口、通货膨胀缺口和汇率缺口的多目标基础货币规则模型能合理地反映我国货币政策操作走向，其基础货币增长率对外汇储备增长率、通货膨胀缺口、产出缺口和汇率缺口的反应系数分别为0.1218、－0.7599、－0.0735和－0.6928。以上规则反应系数均在1%和5%的水平表示显著。

（5）从保持宏观经济稳定运行和社会福利角度出发提出了利率规则的调控绩效优于基础货币规则的实证依据。引入预期、工资价格黏性、技术冲击和内生消费习惯等因素，构建由居民、中间产品厂商、最终产品厂商、政府和中央银行五部门组成的新凯恩斯主义动态随机一般均衡模型，结合现有研究成果与我国1999年第1季度至2018年第4季度共80期数据对模型参数进行校准修正，以脉冲响应函数为基础，分别从货币政策冲击，技术、消费与投资非货币政策冲击以及货币当局的社会福利损失函数三方面，对引入平滑因子的前瞻性利率规则和加入外汇储备因素的、包含通货膨胀缺口、产出缺口和汇率缺口的多目标基础货币规则调控绩效进行比较分析。①面对1单位标准差正向货币政策冲击时，产出与通货膨胀对利率规则的动态响应程度高于基础货币规则，但响应时滞小于后者，如果宏观经济没有出现急扭转，则中央银行运用利率规则进行宏观调控比基础货币规则更有效。②当分别面对1单位标准差技术、消费和投资冲击时，利率规则调控下产出与通货膨胀整体能在较短时期内做出调整并趋于稳态水平。③通过对货币当局社会福利损失函数进行测度后发现，相对而言，利率规则进行宏观调控造成的社会福利损失低于基础货币规则。

利辉博士学术专著第四、第五方面对货币政策工具的量化分析结论未必完全准确，但这种努力符合经济学发展的数量化方向，是值得称道的。基于五个方面的探索得出中国货币政策调控须完成从相机抉择到工具规则的转变，则完全符合提高金融治理能力和治理能力现代化的时代需求。

（三）

经济运行是川流不息的过程，经济问题总是变动不居、层出不穷的。不同的国家、同一国家不同的历史时期都有自己所面临的经济问题；经济学理论和研究方法却是相对稳定的。每一代经济学家都用相同或有所改进的方法在已有理论基础之上研究自己所处时代的新问题或老问题的新的发展形式。萨缪尔森曾经明确指出："既没有一种共和党人的经济理论，也没有一种民主党人的经济理论；既没有一种工人的经济理论，也没有一种雇主的经济理论；既没有一种俄国人的经济理论，也没有一种中国人的经济理论。在许多有关价格和就业的基本原理上，大多数——并非全部——经济学者的意见是相当接近于一致的。"[①]由此，经济学理论本身无所谓"西方""东方"，也没有与"西方经济学"相对应的"东方经济学"以及"南方经济学""北方经济学"。"研究对象"和"研究方法"的相同性或相似性决定了人类只有一套经济学理论。至于经济学理论的具体应用，不同的国家、同一国家不同的历史时期则完全可以有所区别、有所不同。换句话说，经济学理论必须讲"国

① 萨缪尔森. 经济学：上册[M]. 高鸿业，译. 北京：商务印书馆，1980：11.

际性""普遍性""统一性",经济政策倒可以因地制宜、因时制宜地讲"国别性""特殊性""差别性"。

基于对经济学科学特征的认识,我希望利辉博士"一手伸向传统,一手伸向生活"。熟读经典,面向现实,将教书育人和学术研究作为终身职志,踏踏实实从事货币理论和货币政策研究。理论上,可进一步深入研究货币政策发挥调控作用的经济社会约束条件,打通货币理论与货币政策的隔墙;实践上,要密切观察货币政策调控对象即经济运行的演变[①]。逐步拓展研究领域,百尺竿头更进一步,取得更大的学术成就。利辉博士为人敦厚,踏实勤奋,学术背景优秀,我衷心期盼也完全相信,利辉博士可望成为我国有影响的经济学者。

值此利辉博士的《中国货币政策工具规则问题研究》公开出版之际,我借题发挥,写了以上的话。

是为序。

① 当前,国际社会面临始未预料的黑天鹅事件——新冠肺炎,它对人类经济社会的影响必将非常深远。就眼前看,它严重影响了人类社会的消费、投资、国际贸易等;就长远看,它会进一步强化已有的民族主义、孤立主义倾向,甚至会终结全球化进程进而改变国际经济秩序和国际格局也未可知。对此,货币政策应该、能够有何作为?这恐怕是人类经济学面临的崭新问题和严峻挑战。

答博士研究生朱函语、张冬阳问

2019年10月18日下午，就读书、科研和写作等广泛议题与博士生朱函语、张冬阳进行了深入的讨论，以下是问答记录。

张冬阳：经济学理论的存在形式有哪些？

崔建军：大而言之，经济学理论就是人类积累起来的、成系统的经济知识体系。它由范畴、原理、定理、曲线、模型、系数、图式等构成。比如格雷欣法则、萨伊定理、乘数原理、加速原理、MM定理、*IS-LM*曲线、菲利普斯曲线、货币需求模的模型货币化率、金融相关比率、斯旺图示等、恩格尔系数、基尼系数等等。大家要明确，经济学理论是经济学真理的具体表现形式，并不是客观真理本身。客观真理存在于客观的经济运行之中。这就像"华山导游图"不是"华山"一样。你看过"华山导游图"并不是亲身游历了"华山"。经济学的真理只能由我们在现实中去亲身感受。

张冬阳：理论研究与实证研究的区别和联系是什么？

崔建军：严格地说，理论研究与应用研究是一对范畴；规范研究与实证研究是另一对范畴。当然这些都是相对而言的。我们很难说理论研究可以不联系实际，应用研究不需要理论的指导。同时，规范研究除了价值判断外，恐怕不排除带有假设的实证分析；实证研究除了排除不必要的主观价值判断，强调客观结果外，并非就不做应有的价值判断。在我看来，理论研究与应用研究的概括更广泛些，规范研究与实证研究在理论研究与应用研究过程中都有广泛的具体应用。理论研究与实证研究的区别在于理论研究的目标是澄清理论是非，实证研究的目标是准确描述客观事实。二者的联系在于好的理论研究成果不仅要通过逻辑检验，也应该通过实证检验；好的实证研究成果除了应该准确描述客观事实，也应该能够为进一步的理论研究提供基础。科学研究方法是一个系统组合，经济学研究可以根据研究主题选择不同的方法。当然，研究过程往往不是使用一种方法，而是多种方法的综合应用。

张冬阳：怎么看待顶级期刊过于"模型复杂化"的客观事实？

崔建军：当前，期刊论文"模型复杂化"是一个常见的现象。我个人认为，模型复杂化是无能的表现。凡是优秀的经济学家，他（她）必然能够用比较简单的模型清晰地表达自己的经济学思想。比如亚当·斯密的"看不见的手"原理、萨伊定理、凯恩斯的有效需求原理、恩格尔系数、菲利普斯曲线、拉弗曲线等都谈不上复杂，却都是经济学的真理。

张冬阳：抽象的数理模型难以刻画经济生活的全貌，甚至在特殊情况下会出现截然相反的结果。这样的模型谬误和科学研究相悖吗？

崔建军：完全正确！任何抽象的数理模型都难以刻画经济生活的全貌，甚至在特殊情况下还会出现截然相反的结果。2008年全球金融危机没有经济学家能够准确预测就是明证。这是由经济学研究对象的特点决定的。经济学研究的是人类经济生活和经济运行的规律，而人类经济生活和经济运行的规律不能完全用数量表达。这也是人文社会科学的普遍特点。这是我们在经济学研究过程中要铭记的。但是，经济学毕竟是沿着模型的道路前进的。如果模型出现错误，修正就是了，但不能否定模型化发展方向。人类历史上著名的经济学家马歇尔有一个宏愿，就是要把经济学建设成物理学一样的科学；1969年第一次颁授经济学诺贝尔奖，给予了数理经济学家弗里希和丁伯根，这事实上确定了经济学数理化的未来发展方向。同学们要有能力运用数学工具做经济学研究的数理模型，但是要知道数理模型的局限性。事实上，一个经济学家越能够用简单的数理模型说明经济学的观点，其学术水平越高。

理论模型是经济学进步的阶梯，不能形成理论模型的研究只能沦为末流的对策设计，称不上真正的经济学理论研究；经验实证是在逻辑实证基础上对理论模型的再验证，是理论模型不可分割的一部分。没有逻辑实证的经验实证是没有价值的数字游戏。当今中国，高校博士、硕士研究生甚至博士后、青年教师普遍存在重实证轻理论的倾向，说到底是理论基础薄弱。对于所研究问题，理论上知之甚少，就只有做没有理论的实证了。经济学研究不能不应用数学，但经济学本身不是数学。任何科学研究都不同程度地应用数学工具，非特经济学而已。

张冬阳：文献综述写多少合适？如何选择相关文献？

崔建军：文献综述写多少不可一概而论。文献综述的写作要服从研究主题。一篇期刊论文三四千字文献综述就够了；对博士学位论文而言，文献综述最好单独成章，写两万字不算过多。博士学位论文的文献综述，最好能够长程地梳理学术史。至于如何选择相关文献？我在《金融研究方法论》一书中提出过八条原则："5W"写作原则、经典性原则、古今中外原则、"文献树"原则、"顶天立地"原则、述评结合原则、单数原则、服从主题原则。这里就不展开说明了。

张冬阳：如何看待硕士、博士毕业压力与科学研究的关系？

崔建军：科学研究需要沉下心来，踏踏实实地读书。而硕士、博士毕业有发表论文以及学位论文写作的要求，又有比较严格的时间限制。这自然是一种矛盾。同学们宜在发表论文、写作学位论文的严格约束条件下，有效利用时间，集中精力，围绕论文写作读书，集中一点深挖，对所研究问题的材料尽可能一网打尽，深入探索，拿出高质量论文成果。这与国家自科、社科基金项目所要求的"无限科学，有限研究"，有相同的性质。作为学生，自然要接受学校的要求，严格完成硕士、博士阶段的学习任务。如果你选择学术作为终身事业，那么，科学研究就是一辈子的事情。

张冬阳：问一个研究和写作以外的问题，老师如何看待学校"重科研"而"轻教学"？

崔建军：你能关注自己生活其中的校园现实，很好。

现在有所谓研究型大学一说，各类高校都倡导科研。其实，教书育人才是所有高校的天职。"重科研"而"轻教学"在我看来是一种不良倾向。同时，当前的"重科研"也有水分。中国经济学界现在一年365天几乎天天都有学术研讨会，并且现在都不用研讨会的称谓，而是模仿G7或G20国家领导人会议的名称叫什么"高峰论坛""高端论坛"，但不知道这种"高峰论坛""高端论坛"产生了什么高峰或高端成果。还有，现在高校都重视论文，常听到"谁谁谁在《经济研究》上发表了论文”，但没有人谈论其发表论文的学术观点、内容，甚至连论文题目是什么都没有兴趣知道。凡此等等，不一而足。这里我们不讨论了(叹气)。

我想强调，学术研究是寂寞的事业，需要“面壁十年”的精神。学术中人要耐得住寂寞，甚至能够享受寂寞。最高的境界可能是：学术就是人生，人生就是学术，学术人生一体化。未知冬阳君以为然否？(笑)

张冬阳：您喜欢教学还是做科研？

崔建军：教学与科研相得益彰，不可偏废。教学可以使知识系统化，科研可以使知识深化。最高境界应该是教学科研一体化。作为一名教师，我认为天职是教书育人，一定要搞好教学，千万不可轻视教学。不过，现在高校教师都有科研任务，职称评审主要靠科研成果包括论文、课题、获奖等等。为此，有些年轻教师便轻视教学，拼命做科研，也是不得已而为之，值得同情，但不宜倡导。

囿于时代环境的局限，我们这一代人经济学知识结构有明显的缺陷。上大学时只读马克思主义经济学，对作为人类文明成果的西方经济学当时秉持批判的态度。这从 20 世纪 80 年代出版的西方经济学书籍的译者前言或出版前言中可以明显看出来。改革开放深化以来，西方经济学才堂而皇之走进了中国大学的讲台。现在，中国经济讲转型，其实，我这个年龄的教师也存在知识结构转型的问题。你们幸运，赶上了大好时代。

具体到我个人，由于特殊的原因，我在大学是先给研究生上课而后才开始了本科生的教学。这有点倒拿文凭的味道(笑)。由此，我对教学一直怀抱敬畏的庄严态度，每临上课特别是开学第一次课，都会认真准备。只怕搞砸了，对不起学生，也辱没了我教师的身份。这种情绪可能源于童年时代我没有文化的父亲对教书先生的尊敬态度。我热爱教师职业，认真对待教学。当然，为了维护作为教授的尊严，从来没有忘记从事科研。也只有高质量的科研成果才能支撑高质量水平的教学。

张冬阳：您最喜欢读哪个领域的书？为什么？

崔建军：文、史、哲。

文学能提高人类的想象力，滋润人类的心灵，用陕西籍中国著名作家陈忠实的话说是：文学依然神圣。

历史学能使人深刻，使人思维立体化，有纵深感，历史学更教导我们，一切都是暂时的，一切都是发展的变化的，世界上没有绝对的东西。

哲学是百科之王，百学之上层建筑，它能教会我们联系的有机的思维方式。

当然，除了文史哲以外，要尽可能扩大阅读范围，博览群书，此正是西哲培根的教导：凡有所学，皆成性格。

张冬阳：您更推荐学生读哪些领域的书？

崔建军：（笑）我想上面我已经大致说清楚了。

朱函语：如何筛选合适的经济类书籍（教科书以及其他经济类图书），老师读书涉猎面之广令人叹止，请问怎样像老师一样实现高效阅读？

崔建军：谢谢！函语过誉了。我一直强调阅读经典著作。道理很简单，经典著作是人类思想的精华。经典著作包括学术专著和教科书。商务印书馆出版有各个学科的汉译世界学术名著丛书，应该视为标准。

如何筛选合适的经济类书籍不可一概而论。各人合适的经济学书籍或者适合各人阅读的经济学书籍是不一样的。我主张读书阶段论。不同阶段可以阅读不同的书籍。古人讲的——少不读水浒，老不读三国——恐怕就是这个意思。其实，不用让别人给你开书单，要学会从书中找书。你读的书会引导你读下一本书，指导你一路继续读下去。

一般而言，经典是比较难接近的。阅读经典前，得有些知识准备，方可迂回地接近经典。比如读《通论》，你首先得有古典经济学基础，因为《通论》是批判古典学派的，如果没有古典经济学基础，你就不知道凯恩斯在批判什么？当然，你如果足够聪明，在古典经济学基础之上，再阅读阿尔文·汉森、克莱因、狄拉德、明斯基解释《通论》的著作《凯恩斯学说指南》《凯恩斯革命》《凯恩斯经济学：货币经济理论》《凯恩斯通论新释》等，这可能是一条接近《通论》的捷径。

通俗些说，你要攀登珠穆朗玛峰，你就应该在喜马拉雅山上做必要的缺氧运动，需要艰苦的锻炼准备。否则，盲目攀登恐怕达不到登峰的目的，甚或可能遭遇危险的结果。你纵然可以在池塘中学会游泳，但不经过严格的国家队训练，则肯定拿不到奥运会冠军。

如何实现高效阅读？恐怕没有捷径。只有踏踏实实地啃书本。对自己热爱的著作要粉碎式阅读，要吃透，并且有记忆，博闻强记。古人云："书读百遍，其义自见"就是这个道理。你读透几部经典，就有"根据地"了，就可以借此"根据地"开拓新的更辽阔的学术领域。

朱函语：经济学研究生需要具备哪些素质和能力？如何培养人文素养？

崔建军：经济学研究生需要具备经济学素质、方法论素质、人文素质等多方面的素质。其中，经济学素质是基础，因为是经济学研究生嘛！在相同的经济学素质的基础上，一个人其他方面的素质越高，会走得越远。

经济学研究生的能力自然是创新能力。但创新能力不是空的，具体地说应该是抽象思维能力。马克思说过："分析经济形式，既不能用显微镜，也不能用化学试剂，二者都必须用抽象力来代替。"约翰·内维尔·凯恩斯说："实验是经济学不能使用的方法。"他们都强调了抽象思维能力对经济学研究的重要性。我个人把抽象思维能力具体化为——同中求异，异中求同——八个字。同中求异就是要能够从表面相同的事物中看到其背后的差异；异中求同就是要能够从表面不同的事物中看到其背后的相同之处。这种能力有天赋的因素，但更多在于后天的学习。杰出经济学家和一般经济学教授的区别就在于有能力超越中间环节，直接抵达事物的本质。当然，这种能力"冰冻三尺非一日之寒"，需要长期艰苦卓绝的积累。

如何培养人文素养？我个人倾向于强化文史哲方面经典著作的研读，舍此恐怕别无他法。当然，除文史哲经典著作之外，还可以阅读书法、绘画作品，听交响音乐会等等。这是走出书斋，对人类文明的"田野调查"，很有益处。书法是线条的艺术，绘画是色彩的艺术，交响乐是声音的艺术，它们都有优美的结构。如果会欣赏，想必都受益良多。此也可以验证"处处留心皆学问"的箴言。

朱函语：标准科学研究程序的内在逻辑和步骤是怎样的？

崔建军：要构建完整的科学的经济学理论模型，必须经过下列五个方面相对严格的科学程序：①依据直觉发现有价值的经济现象；②经济现象范畴化;③经济范畴变量化;④经济变量模型化;⑤明确界定理论模型的约束条件。对此,我在一篇论文中基于熊彼特的《经济分析史》给予过比较详尽的说明,请有空看看。这里就不展开了。

朱函语:如何选题?如何从现实复杂的经济现象中捕捉到有价值的经济问题?

崔建军:选题是科学研究的开端,必须分外重视。如何选题不好准确描述。我这里先提出我一贯坚持的选题原则:理论价值和现实意义;自己的心得体会。前者是选题的必要性;后者是选题的可能性。可能的选题在于两者之间的均衡地带。近年来,我逐步认识到,博士生一进入博士阶段学习,就应该有自觉的博士学位论文选题意识,论文选题应该在学习过程中自然形成。选题是"长期积累,偶尔得之"。不要等课程完成了,再集中一段时间(一周、半月)选题,那是会"有心栽花花不成"。你对哪些问题有兴趣,比如经济增长、金融风险、经济周期、金融周期、货币政策等,你就应该下功夫收集这些问题的材料,研读的材料多了,自然对材料主题有自己的看法,再审视是否能够形成选题。选题过程是一个逐步聚焦的过程:学科—领域—专题—选题。要清晰把握,要切记选题是一个"点"不是一个"面"。当然,这个点要能够打开,要有张力,进可以攻,退可以守。现在,不少的博士研究生有选题宽大的倾向。选题宽大,这里写一点,那里写一点,东拼西凑,容易形成篇幅但要他(她)在一个点上深挖下去,他(她)就写不下去了。原因很简单,学力不够,学养不厚。

朱函语:如何将现实问题与经济理论充分结合?如何寻找切入点?

崔建军:经济学研究对象是现实经济问题,研究者要应用经济理论对现实经济问题给予关照,将现实经济问题转化为科学命题,接下来遵循科学研究程序的内在逻辑和步骤展开研究。经济学研究经济现象,一般是由"果"索"因"即探讨经济现象背后的原因;相反方向的研究即由"因"求"果",只适合未来研究或者预测性质的研究,这在学位论文写作中比较少见。如何寻找现实问题与经济理论的结合和切入点?一般是从经济学"工具箱"中挑拣"工具"也就是用理论和方法分析现实问题。比如:你要研究国民经济运行态势,可用菲利普斯曲线;你要研究贫困问题，可用恩格尔系数；你要研究公平分配，可用基尼系数；你要研究货币政策，可用凯恩斯的有效需求原理和经济运行区间理论；等等。这是从理论方向切入。从现实问题方向切入，需要选择研究问题的角度。比如：研究西部地区招商引资问题，你可以从增量角度研究如何改善投资环境，也可以从存量角度研究如何有效利用现有资源；但还可以逆向思维研究西部地区资金流失问题，这是比较新的研究视角，不是研究怎样引资（增加增量）而是研究如何守住现有资源（存量）了。以上从理论切入点和现实切入点两个方面说明了如何将现实问题与经济理论充分结合。当然，还可以找出许多例证，这里就不再列举了。

朱函语：如何在经典经济学论著和前沿文献阅读中合理分配时间？

崔建军：我个人认为，大量的时间（比如 90%）应该用于研读经济学经典，小部分时间（比如 10%）可用于前沿文献阅读。原因很简单，凡是前沿文献成果都来源于经济学经典文献的启发，从来没有空穴来风的前沿文献。

马克思的再生产图式，受到魁奈《经济表》的影响，学术界公认，毋庸赘述。

凯恩斯革命算得上空前伟大的创新，但凯恩斯本人是在古典传统的熏陶下成长起来的，在《就业、利息和货币通论》原序中凯恩斯介绍过自己的思想历程；在《通论》最后一章即第二十四章，凯恩斯甚至有回归古典学派的强烈倾向，对古典学派的批判态度也情不自禁地软化了。可见经典传统影响之深。

“明斯基时刻”响彻全球，但明斯基是在凯恩斯《通论》中投资不确定性基础上发展出金融不稳定性假说的。在 20 世纪 70 年代凯恩斯经济学处于低潮时，明斯基深入研读《通论》，并撰写出版《凯恩斯通论新释》一书。其继承与创新的内在关系一目了然。

范围扩大些说，毛泽东论青年——“世界是你们的，也是我们的，但归根结底是你们的。你们青年人朝气蓬勃，正在兴旺时期，好像早晨八九点钟的太阳。希望寄托在你们身上。”——曾经轰动全球，在世界领袖论青年中恐怕无有出其右者。但如果你读过《师旷论学》中的“少而好学，如日出之阳……”，自然也会体会到两者之间的关系，也能够感受到伟人毛泽东的博大精深。

我想强调，研读经典能够推陈出新，阅读前沿文献可以了解研究现状但可能很难实现创新。经典为时间所淘洗，新近的前沿文献尚待时间的检验。了解前沿我们不能成为前沿，熟读经典才会帮助我们抵达前沿甚至能够成为前沿。

朱函语：如何选择参考文献？哪些需要泛读？哪些需要精读？文献综述应该怎么写？

崔建军：每个研究题目都有所处领域的参考文献。要找源头，梳理发展过程。简单地说，是溯源梳流。对于经典文献应该精读，对于一般文献可以泛览。所谓经典文献是指源头性的、发展过程中处于关节点、转折点环节上的文献。在源头与关节点、转折点环节之间的过渡地带影响不大的文献可视为一般文献。文献综述怎样写，我提出过“倒三角形法”，就是撰写文献综述要由宽到窄（空间上），由远到近（时间上），最后聚焦到一个“点”上，找到自己研究问题的逻辑起点，也就是自己所要研究问题的出发点。至于空间幅度和时间长度的具体界限，应由作者根据研究工作的实际需要而定。一般应该以紧密围绕主题、有利于阐明主题为原则。对于博士论文而言，文献综述的空间幅度要尽可能宽些，时间长度要尽可能长些，规模应尽可能大些，最好能够有能力系统梳理所研究问题的学术史。

朱函语：您认为一篇好论文的标准是什么？如何写出一篇好论文？

崔建军：一篇好论文的标准在于两个方面：一是高深的学术思想；二是优秀清晰的表达形式。提出高深的学术思想，需要长期的积累；优秀清晰的表达形式需要文字功底和数学基础。要写出好论文需要在学术思想和优秀表达两个方面加倍努力。

朱函语：当代经济学研究应该更注重理论的继承还是基于现实的理论创新？

崔建军：两者都重要，不可偏废。简单地说，没有厚重的理论继承，很难有基于现实的理论创新。不从事基于现实的理论创新，理论继承就失去了应有的目标和意义。进一步讲，理论的继承是实现创新的基础，没有理论基础就很难有真正的基于现实的创新；基于现实的创新应该是理论继承的目标，也是其自然结果。

经济学领域的理论创新的最高境界就是将研究者自己的名字变成经济学定理、原理、曲线、模型、系数等经济学真理的存在方式。像萨伊定理、菲利普斯曲线、拉弗曲线、希克斯-汉森模型等。应该说，人类经济学的大厦已经非常的巍峨壮丽，风云际会，碰到杰出的经济学家可以“加层”；若不适逢伟大事件，那一代经济学人或许只能够对经济学大厦做些维护工作：内装修、擦玻璃、洗地板，一句话，传承而已。

朱函语：老师对经济学大师凯恩斯推崇至深，但部分学者认为凯恩斯主义在当代存在诸多局限性，如流动性陷阱，请问老师尊意如何？

崔建军：（笑）是的，我从来没有掩饰过我对凯恩斯的推崇！我一贯认为凯恩斯和熊彼特是20世纪伟大的经济学家！这两位同年出生的经济学家是比肩而立的两座高峰！

回到你的问题。据我所知，凯恩斯没有全面论证过流动性陷阱，他探讨的概念是“灵活性偏好”“灵活偏好函数”。不过，在其最伟大的著作《就业、利息和货币通论》中，他曾流露过流动性陷阱（liquidity trap）思想：“当利率降至某种水准时，则根据上述理由，灵活偏好可能变成几乎是绝对的；这就是说，当利率降至该水准时，因利息收入太低，故几乎每人都宁愿持有现金，而不愿持有债务票据。此时金融当局对于利率即无力再加控制。”[①]这里引述文字就是凯恩斯的流动性陷阱思想。在流动性陷阱下，货币当局无力控制利率水平，价格型货币政策工具失效。不过，他接着写道：“这个极端情形，在将来也许会有实际重要性，但现在为止，我还不知道有这种实例。理由是：在过去，金融当局不愿意大胆买卖长期债务票据，故也没有许多机会来作一个试验。假使真有这种情形产生，则政府自己就可以只出极低利率向银行无限制借款。”[②]从上述引述文字可以清晰看到，凯恩斯所讨论的流动性陷阱只是个假设的“极端情形”罢了，是“将来时”，不是“过去时”更不是“现在时”，并且凯恩斯本人“还不知道有这种实例”。由此，我们可以准确些

---

① 凯恩斯. 就业、利息和货币通论[M]. 徐毓枬，译. 北京：商务印书馆，1983：176.

② 同①176－177.

说，凯恩斯是伟大的预言家，他准确预言了未来的流动性陷阱问题。我个人认为“流动性陷阱”思想不是凯恩斯《就业、利息和货币通论》所要讨论的重点问题，只是凯恩斯讨论“灵活性偏好”和“灵活偏好函数”问题的副产品而已。如果凯恩斯重点研究流动性陷阱就不合逻辑，就会自我否定掉自己《就业、利息和货币通论》的价值。众所周知，凯恩斯的《就业、利息和货币通论》强调增加有效需求，强调国家干预的合理性。凯恩斯能自己否定自己提出的有效需求原理吗？能自己否定自己的国家干预思想吗？能自己否定自己倡导的国家干预工具财政政策和货币政策吗？恐怕不会！（笑）。强调凯恩斯所预言的流动性陷阱，并以“凯恩斯革命”30 年后才存在的流动性陷阱的现实，用以否定凯恩斯基于自己所处时代提出的理论和政策主张，说好听点，是误解；说难听点，是无知。

众所周知，凯恩斯所处的时代是 20 世纪 30 年代生产过剩的经济危机，这是他的写作背景。那个时候是流动性不足（即有效需求不足）而不存在所谓流动性陷阱问题。二战以后，西方国家普遍实行凯恩斯主义政策，形成了战后近 30 年的繁荣，被誉为“凯恩斯时代”，凯恩斯也赢得了“战后繁荣之父”的美誉。

20 世纪 60 年代末 70 年代初即“凯恩斯革命”30 年后，由于西方各国长期奉行凯恩斯刺激需求的财政政策和货币政策引起流动性过剩的通货膨胀问题，凯恩斯主义理论解释力下降。此时，货币学派、理性预期学派，还有一贯反对凯恩斯主义的奥地利学派等群起攻击凯恩斯主义。有人遂用凯恩斯预言过的流动性陷阱问题当作攻击凯恩斯主义的炮弹，玩弄起“以子之矛攻子之盾”的游戏。在我看来，这是不公平的。

不要苛求古人！不能苛求古人！凯恩斯所要解决的只是自己所处时代的命题，凯恩斯也不可能解决人类发展面临的所有问题。无能解决自己所处时代的问题而只是苛求古人是一种无能！更是一种悲哀！

当然，凯恩斯的著作博大精深，言简意赅。他不经意地预言了未来（20 世纪六七十年代的）的事情，同时也启发了后起的日裔美籍经济学家辜朝明和美国经济学家明斯基。我们能够从辜朝明的萧条时期政府应当充当“最后借款人”观点中看到凯恩斯“政府自己就可以只出极低利率向银行无限制借款”这一句话的影响；我们也能够从明斯基的“金融不稳定性假说”中看到凯恩斯的投资具有不确定性的影响因子。

就回答这么多吧，就此问题我们似乎可以写一篇论辩性的文章继续对之深入讨论(笑)。

张冬阳：如何有效形成论文结构？

崔建军：论文结构是论文的骨架，必须坚强有力，富有逻辑。

如何形成论文结构？我个人观点是：“一个中心，两头推进。”所谓“一个中心”就是内在于理论模型当中的核心创新点；所谓“两头推进”指分别向前——文献综述和向后——理论模型与经验实证两个方向推进。

“一个中心，两头推进”写作思路，由于围绕核心创新点展开，一定意义上能够有效保证金融研究论文内在逻辑上的一致性。

需要强调，经济学研究论文的逻辑结构要以一贯之，不能相互交叉、串换，否则难逃内在逻辑不一致的命运。比如，研究问题分别是 A、B、C，这时研究内容应该分别是：a_1、a_2、$a_3 \cdots a_n$；b_1、b_2、$b_3 \cdots b_n$；c_1、c_2、$c_3 \cdots c_n$。

同时，若研究问题分别是 A、B、C，其研究内容 a_1、a_2、$a_3 \cdots a_n$，b_1、b_2、$b_3 \cdots b_n$，c_1、c_2、$c_3 \cdots c_n$ 就应该也必须满足下列公式的要求：

$$a_1 + a_2 + a_3 + \cdots + a_n \leqslant A$$

$$b_1 + b_2 + b_3 + \cdots + b_n \leqslant B$$

$$c_1 + c_2 + c_3 + \cdots + c_n \leqslant C$$

具体而言，研究问题为 A 的论文，其内容应该严守 a_1、a_2、$a_3 \cdots a_n$ 的范围而不能串换到 b_1、b_2、$b_3 \cdots b_n$ 或 c_1、c_2、$c_3 \cdots c_n$ 当中的任何一个方面；否则，论文结构的内在逻辑一致性是难以保证的。

张冬阳：读书过程中，我们应该重视思想还是重视方法？方法论重要吗？

崔建军：思想和方法同样重要，特别是青年学者初步踏上科研道路的时候。我们读书，首先应该理解的是作者的思想。同时理解作者为什么具有这种思想，他(她)是在什么背景下提出这种思想的，这就涉及作者思想或理论的约束条件，就有个方法问题在里面。只有从思想和方法两个方面深刻理解了作者及其作品，我们才算明其言，知其理，解其意，才算真正读懂了此书。初期读书时，或许思想和方法两者不能兼顾，那不妨取一意读之。第一遍可以重点关注思想，第二遍重视方法。读的书多了，有积累了，慢慢地会两者同时兼顾。

方法当然重要。如果我认为方法不重要，我怎么会耗时费力地写作出版《金融研究方法论》《金融研究的逻辑》呢？（笑）

张冬阳：经济学研究生最根本的学术基础是什么？

崔建军：在我看来，就是“一论”“二史”。“一论”指经济学理论；“二史”就是经济史和经济学说史。打下了比较强大的“一论”“二史”基础，你就掌握了经济学的逻辑。有了经济学的逻辑，你就可以比较自由地研究几乎所有的经济问题。中国古代先哲老子讲：“道生一，一生二，二生三，三生万物。”“一论”“二史”就是经济学的“道”，所有现实经济问题只不过是经济学家眼里的“万物”罢了。经济学家就是要从纷纭复杂的“万物”中通过科学抽象法提炼出“道”也就是经济学的理论。不过，经济学的理论并不是客观真理本身，而只是认识真理的工具。打个比方就好像是“西岳华山导游图”，但谁都知道，“西岳华山导游图”并不是真实的西岳华山嘛。

研究生阶段是你们人生当中最宝贵的年华，要用来追求有价值的“道”，盼你们宝之贵之并切记之。

有些研究生甚至青年教师无心追求“道”，而盲目地奋力追求眼花缭乱的“万物”，固然也写过一些所谓论文甚至是高级别期刊论文，在我看来，此不过是浮云罢了，必然随风而去。

张冬阳：老师是怎样走上经济学研究道路的？

崔建军：我走上经济学研究道路实属偶然，是命运的安排。1980年我考入陕西财经学院金融系读书，当时对金融一无所知，那时候金融专业也不是什么热点专业，“学好数理化，走遍天下都不怕”的格言虽然有些淡化，但一般人还是愿意学理工科，即使学财经也是首选企业管理什么的，我糊里糊涂上了金融系。其实当时对金融的理解和对金属的理解恐怕没有多大区别，所以说是命运的安排。

其实，我童年、少年时代的梦想是当一名作家。那时在农村，我只知道作家是文化人，有学问，当时也不知道有教授特别是研究员这样的高级职称（未曾想到自己几十年后还有机会沿着助理研究员、副研究员和教授的人生道路走过来）。由此，我一直坚信人生充满偶然性，正是偶然性使我们常常感到人生充满魅力。如果一切都先天性地设定了，那人生岂不太乏味了？

记得前些年游秦岭，一山（忘记名字了）石头上写的尽是老子《道德经》的文字，当我看到一石头上的文字"贵以贱为本，高以下为基"时，情不自禁地泪如雨下，我想到我历尽贫寒的出身：从贫寒中一路走来，从底层一路走来。当然，我不是也不敢说我现在就"高"了、"贵"了。

我不能同意著名学者何新对"故贵以贱为本，高以下为基"的译文："所以贵者要以贱者为根本，高者要以下者为基石。"[①]这是横向地站在王者角度，做出的高傲的解释，是自我对"他者"的思维。我以为此处的"贵"与"贱"、"高"与"下"完全可以纵向比较。对一个人、对一个国家，都是完全适用的。

你们碰上了好时代，自觉自愿地选择了经济学研究事业。能够把个人爱好和事业结合起来，这是一种幸福。我相信，你们如果献身教育事业的话，未来评上教授也只是时间问题。我最大的梦想是成为教授的教授，成为当代中国的"马歇尔"（笑）。我的梦想能否实现不取决我自己，而取决于你们，你们要发奋努力噢（开怀大笑）！

张冬阳：老师这样讲，我们的压力就太大了。

崔建军：有压力才有动力嘛（笑）。

张冬阳：老师如何看才华和热爱？

崔建军：才华和热爱是两码事。一个人天赋才华，自然是上帝的垂怜。拥有天赋才华的人，应该倍加珍惜，要用热爱来支撑才华，成就事业。否则，只有天赋才华而不知珍惜，没有热爱和持续的勤奋努力的支撑，才华就慢慢消散了。中国古代就有"江郎才尽"一说，北宋文学家王安石写过一篇文章叫《伤仲永》，意思也和"江郎才尽"的故事相近。南朝江淹、北宋方仲永的人生，自然是一种莫大的遗憾。一个人，才华中

---

① 何新.宇宙之道·老子新考[M].北京：中国民主法治出版社，2008：42.

平(即孔圣人所谓“中智之上”),但通过热爱和勤奋努力,依然可以取得成就甚至是巨大的成就。这方面的例子也很多就不列举了。我想强调,热爱是成就一切事业的基础。在热爱面前,一切的才华、专业都会黯然失色。如果能够把专业、工作有效地结合起来,那无疑是人生的幸运。

张冬阳:一个真正的经济学家的标志有哪些?

崔建军:在我看来,任何真正的经济学家都找到了适合自己耕耘的土地,有一块属于自己的领地。我写过一本小册子书名叫作《寻找适合自己耕耘的土地》,其中表达了我的思想。一个人一辈子能够做的事是有限的。经济学说史上伟大的经济学家终其一生的努力也就是写几本书。亚当·斯密是两本——《国富论》和《道德情操论》;马克思著作虽多,经济学方面是三卷本的《资本论》;马歇尔的是《经济学原理》;熊彼特博大精深,著作等身,我个人推重的是三卷本的《经济分析史》;凯恩斯的著作有几十卷,驰名于世的著作则是《就业、利息和货币通论》。

就一辈子集中耕耘于一块土地而言,萨缪尔森是光辉的典范,其最有名的著作是《经济学》。这本教科书从 1948 年初版到 2010 年的第十九版(也是终结版,先生于 2009 年 12 月 13 日以 94 岁高龄仙逝),其间历时整整 62 年。可以说,萨缪尔森是全世界经济学的导师,写了一辈子的《经济学》,一辈子在同一块土地上辛勤耕耘。这需要何等的坚忍不拔的精神!当然,该《经济学》教科书将古典学派经济学和凯恩斯经济学有效结合,内容包罗万象,这块土地非常辽阔。不是像萨缪尔森那样的经济学集大成者,也难以写出经济学 200 多年发展的万千气象。

反观中国现实,很难看到像萨缪尔森那样长达 62 年辛勤耕耘的著作。中国改革开放过程中,经济问题层出不穷,不少学者热衷于追风,打一枪换一个地方,很难找到适合自己耕耘的土地,形成有生命力的著作。更有不少学者取得了些许成绩就不甘寂寞,远离“处江湖之远”的人生境界,而是奋不顾身奔“居庙堂之高”去了。有些留在高校的,也常常魂不守舍。浮躁是当下中国各个领域的现实,高校自难例外。

最后,我提出我心中衡量经济学者的粗浅标准:一是看其研究成果是否处于同一领域或同一个问题;二是看其成果是否属于个人著作。

若一个人长期集中研究同一领域或同一个问题，并且成果是属于个人高质量的著作，其大概算得上经济学者，反之则不是。

张冬阳：老师如何看待做学问的境界？

崔建军：做学问的境界可做多方面的考察。就道德境界看，由低到高有三个层次：为饭碗而学术、为学术而学术、为人类而学术；就纯学术境界讲，有冯友兰先生的“照着讲”与“接着讲”；就表达层次讲，有巫继学先生的“浅入浅出、浅入深出、深入深出、深入浅出”；比较综合地看，有司马迁的“究天人之际，通古今之变，成一家之言”和张载的“横渠四句”即“为天地立心，为生民立命，为往圣继绝学，为万世开太平”。司马迁偏重学术水平：“究天人之际”是说研究自然界和人类社会的各种问题，“通古今之变”可以理解为研究自然界和人类社会的演进规律，“成一家之言”则是要建立有别于别人的独特的思想体系。张载的“为天地立心，为生民立命，为万世开太平”可以理解为治学的目标，“为往圣继绝学”则是强调学术境界和学术水平。

具体到经济学，其最高境界当然是经济学家要能够将自己的名字变成经济学的曲线、模型、系数、原理，正像菲利普斯曲线、拉弗曲线、基尼系数、恩格尔系数和萨伊定理一样。借用著名历史学家梁启超的话说，经济学家的最高境界就是经济学的“人格者”。